新・天皇論

保阪正康

毎日新聞出版

新・天皇論／目次

第4章 皇室とアメリカ

新・天皇論

はじめに

平成から令和に変わる時、つまり平成31年4月30日から令和元年5月1日に移行する時と言っていいのだが、この改元日にはいくつかの特徴があった。

明治、大正、そして昭和は、いずれも崩御と即位の組み合わせとなっており、社会の空気は悲しみと祝賀という相反する感情が混じり合って彩られた。この微妙な空気の中で、天皇制が論じられるのである。冷静に、客観的に論じるのは無理とも言えた。

今回の改元日は、この二重構造の感情からは解放されていた。生前譲位だからである。だが改元日が、お祭りと化してしまうことにもなった。一部の繁華街ではカウント・ダウンがなされるという、以前なら考えられない風景もあった。改元をこういうお祭り状態で迎えることには違和感を持つ者も少なくないであろう。天皇は私たちの社会ではどういう意味を持つのかを思考し、あるいは天皇制について真摯に、そして歴史的に受け止めることが必要である。そのような機会をお祭りと見るだけの態度は不謹慎であると思う。

私はこの改元日前後の時間に、同時代の目を持って、社会の空気を汲み取りながら併走したいと考えてきた。『サンデー毎日』誌上で天皇論の連載を続けてきたのは、時代の節目にあたり、私自身がどのような受け止め方をしてきたのかを確認するとの意思もあった。本書の刊行にあたり、あえて時制を発表時のままとしたのは、同時併走のリアリティを読み取っていただきたいからである。

言うまでもなく、平成から令和への移行は21世紀に皇室はどのような役割を果たしていくのかという命題を含んでいる。この命題に、平成の天皇はきわめて明快な答えを出されている。それは、昭和の戦争への追悼と慰霊を明確にするとともに、戦争のない時代と社会の確立を望むという姿勢である。その点は徹底していたと言っていいであろう。

令和の天皇、皇后夫妻は、そうした先帝の姿勢をどのように引き継ぐのか。あるいは新たに21世紀にいかなる天皇像をつくりうるのか。そうした点が注目されるのである。令和の天皇と皇后は、むろん歴代の天皇と皇后と同じようにお互いに支えあって、天皇像をつくり上げていくと思う。実は天皇像は、天皇と皇后がともにつくり上げると考えるべきではないかとも思う。このような視点で私は、『週刊文春』２０１９年8月15日・22日夏の特大号に皇后論を発表したので、ここに引用しておきたい。

近現代日本にあっての皇后陛下の役割は、二点に絞られるように思う。

第一は天皇を支えることだ。昭憲皇太后、貞明皇后、香淳皇后、そして上皇后さまはいずれも天皇を支えつつ、ご自身のおつとめを果たしてこられた。香淳皇后まではは直接に国民の前に素顔を出すことは少ないにもかかわらず、そのお仕事は宮中の内部ではかなり重く受け止められていた。

第二としては天皇家という空間の中に家庭の空気をつくりだす役割である。天皇は存在自体が、「公的な歴史上の存在」として意味づけられていた。その存在に人間的な柔らかみを持たせるのが、皇后の役割と言えたのである。具体的には天皇に人間としての安らぎや視野の広がりを与えるということも課されていた。

むろんこうした二つの役割は、いわば不可視の部分といってよかった。

しかしそれ故にと言うべきであろうが、皇后の役割は皇室の主軸となる重みを持った。皇室の安寧というのはそのことを表すとも言えた。

現在の雅子皇后も、そうした役割や務めを期待されているし、現にその役目を果たしつつあることになる。

天皇像とはその時代の皇后像とも重なり合ってつくられている。その視点がこれまでは欠けていたのではないかと思われる。

その意味で、例えば大正天皇像とは文人肌の天皇とご自身の皇后像をつくり上げた貞明皇后を含んでの大正天皇像と理解すべきなのであろう。

平成の天皇像は、象徴天皇像をつくり上げた天皇と、歴代の皇后の後を継ぎながら皇后自身がつくられた皇后像の二つから成り立つと言うべきであろう。

私は想像するのだが、いずれにしても令和の天皇像がつくられていくときに、雅子皇后も前述の二つの役割を踏まえつつ、皇后像をつくり上げていくことになると思う。むろんそれぞれの皇后は時代の要請を受けて時代を織り込んだ像をつくり上げるのであろう。

雅子皇后もグローバル時代のありよう、あるいは各国との交流の中での皇后像をつくり上げるであろう。むろんこれまでの皇后が歴史的に行ってきた福祉関連への行啓、各種行事への参加などは続けられるだろうが、それに加えての新しい皇后像がつくられるだろう。それを含めての令和の天皇像がどのような形になるのか、私たちは見守るべきであろう。

令和という時代が、平成の天皇像を範としつつ、国際社会に向けて新しい感覚で、新たな皇室の歴史を紡いで欲しいと思う。

序章　天皇について新たに思考するために

マクロン仏大統領夫妻を見送る
天皇、皇后両陛下

なぜ「昭和天皇を思い起こす」のか

「平成の精神とはなにか」、自分に問うてみる。

そもそも平成に時代精神はあるのだろうか。それは「ある」し、「これからもある」という強い声が私を突き抜ける。そして、「いや、なければならないのだ」との声が、私のなかにこだましている。

その声にみちびかれて、いま私は筆を進めている。

平成31年4月30日、私はテレビ局のスタジオにいた。文筆を生業としているがゆえに、基本的にテレビには出ないことにしている。出るとしても、これまでは年に3回まで、最低でも30分は自分の意見を語れるのが条件と決めていた。それ以上はテレビとは関係をもたない、もちたくない。

「しかし今年も3回の出演になる、もう出ることもないだろうな」

そんなことをぼんやり考えてカメラの前に座っていた。不意に私を突き動かしたのは、譲位に当たっての「おことば」を述べる平成の天皇の姿であった。

映像の明仁天皇は、自分は天皇として国民と、「信頼と敬愛」の関係にあると見ていることを明かした。その上で国民は自分のことを、「〝象徴としての個人〟だと見てくれている」と実感していると匂わせていた。文字数にして２００字ほどのうちに、天皇の数多の思いが含まれていることがわかった。

私が突き動かされたのは、「ここに国民と天皇の間に、ある回路ができあがった」と理解できたからである。もっとわかりやすく言うならば、みずからの「卒業式」において平成の天皇が「国民との間に絆をつくり得た」と実感していることがわかったからなのだ。

この回路を卒業式の答辞、あるいは出口の論とするならば、入学式の心構え、あるいは入口の論は平成元年の1月9日に発表された「おことば」のなかにある。このときの「おことば」は３００字余であったのだが、そこには「日本国憲法を守り、これに従って」、私は責務を果たすとの一節があった。「日本国憲法に従って」という表現があるにもかかわらず、あえて「守り、これに」という6文字を加えることで、天皇はみずからの立場を鮮明にしたのである。その立場は、敗戦を11歳で迎えた体験に端を発している。

つまり平成の天皇は入口と出口の論理を明確にすることで、30年の在位期間がどのような意味をもっているのかの総括を、国民に示したと言えるように思う。昨年12月の、誕生日を前にしての記者会見では、「平成が戦争のない時代」として終わることに心から安堵すると述べられた。これも平成という時代空間を思うときの出口の論と言えるのではないか。

しかし一方で、テレビ局のスタジオで平成の天皇のおことばをVTRで見ながら、どういうわけか私はたしかにこう実感したのだ。

「ああ、平成の時代精神が、このまま消えていくのかもしれない……」

翌日の令和元年5月1日。やはり私はテレビカメラの前に座っていた。キャスターに問われるままに、なにか答えなければと「そうですねえ」と言った私の口をついて出てきたのは「昭和天皇を思い起こす」との言だった。

自分でも驚いた。令和元年と言うならば、これからの時代を主人公として語るべきであり、平成も昭和も、大正、明治も副主人公であるはずだ。副主人公を論じるのは筋違い、語るにしてもせいぜいが受け継ぐべき時代としての平成ではないか。なのにどうしてと私は思った。なぜ、いま昭和天皇を語らなければならないのか……。

番組の進行とは別に、私は平成の精神、昭和の精神、大正、明治の精神と心のうちでつぶやきつつ、元号が表象する精神の原型を考え続けていた。

イメージとしての天皇と、等身大の天皇

近現代日本の天皇の実像を確かめるべく調べている際に、不思議な思いにとらわれることがあった。

それぞれの時代の特性をかぶせるかたちで天皇のイメージは語られる、だが人間としての天皇の実像とはかなりのズレを生じるのではないか。

明治天皇（睦仁）は名君、大帝といった具合に最大級の賛辞を与えられている。開国した日本が軍事主導体制のもと短時日で世界の一等国になった、それゆえにというべきであろう。その人物像も豪放磊落で大胆に国策を進めた……といった具合に、極めて剛直なイメージのもとで語られる。その評は海外にまで定着している。

だが現実はどうか。むしろ神経質な性格で、日清、日露の二つの大戦争には消極的であり、日清開戦の折には「この戦争は朕の戦争ではない」と言い、対露宣戦の際には涙を流したと言われているほどだ。つまり明治天皇と人間睦仁との間には、大きな開きがある。

大正天皇（嘉仁）にしてもそうである。この天皇の時代にデモクラシーの芽が萌した。いっぽう、病弱で軍事に関心が薄く、大日本帝国の大元帥としては物足りない。そこで軍事指導者を中心に排斥を企図され、結局は摂政を置くかたちで事実上、君主の座を引くことになった。そのため弱々しい天皇というイメージが定着している。

しかし、実際はどういうタイプなのか。調べていくと必ずしもそうとは言えない像が浮かんでくる。もし、この人が天皇でなかったならば、近現代でもっとも優れた漢詩人になったであろうとも評されている。それほど秀れた漢詩を詠んでいる。そのテーマは、一人の人間としての目で選ばれている（たとえば大正6年作の「貧女」や「鸚鵡《おうむ》」など）。それほど文人肌の才人であった。ただ、軍事に対しては、陸軍大臣から、大演習に大元帥としての出席を要求されると、2週間の期間を1日か2日にできないかと言ったりして、軍事指導者からは顰蹙をかうということも珍しくなかった。そんな大正天皇にかぶせられたイメージと、人間嘉仁の実像はやはり極端に異なっている。

昭和天皇（裕仁）については言うまでもない。

戦前における現人神と戦後の人間天皇という二つのイメージもさることながら、無謀な侵略戦争に国民を引きずっていく帝国の支配者というイメージは、その実像とはかけ離れている。裕仁という個人は極めて実直で真面目、さらに慎重な性格である。事変の拡大にとまどい、国家が存亡の危機にあることに怯え、皇統の維持に懊悩する。しかし最終段階ではポツダム宣言受諾という大きな決断をする。そのときはまさに君主であり、天皇にかえっている。そこには大きな落差がある。

明治、大正、昭和の三代の天皇は、元号にまつわるイメージと個人の実像には大きな開きがある。すなわち国家の権力を実際に動かしていた軍事、政治の指導者が期待した天皇像と一個人としての天皇とのあいだに開きがあるということになり、近代の天皇はある役割を演じさせられていたということにもなる。そこにそれぞれの天皇の懊悩があったということがわかってくる。

ところが、と強調していいと思うのだが、平成の天皇にはこの開きがない。平成は昭和という時代の清算と、「戦後」という時空間における人びとの、つつがない日々の幸せを祈るのが主たる役割なのであった。先の戦争の死者への追悼と慰霊。国の隅々までまわり、災害に苦しむ人びとや光があたらずに苦しむ人びとに寄り添うこと。平成のイメージと明仁天皇のイメージはみごとに一致する。それについては美智子皇后の存在も大きいことは多くの識者の指摘するとおりだろう。その意味で、明仁天皇は新しい天皇像の確立者といっていいであろう。

平成という元号に対するイメージと、明仁天皇個人の実像との間にほとんど開きがないことは何を語っているのだろうか。

まずは明治、大正、そして昭和初期の天皇には求められる像があり、そこに自身を投影するにはたいへんな労力を必要としたという理解が必要である。そのことは昭和天皇を見ることにより正確に理解できるのだが、じつはその最大の観察者が息子たる明仁天皇であった。

天皇についての「答案」を書くべき時

裕仁天皇が祖父・明治天皇、父・大正天皇を引き継いだ期間、それはそのまま昭和前期の戦争の期間でもあった。大日本帝国憲法で神聖にして侵すべからずとされ、司法、立法、行政三権の総攬者、軍を動かす大元帥、として国家の大権を一手に握っているとはいえ、その大権はいずれも臣下の者に委ね、代わりに責任を免じられるとの位置づけ（第55条）であった。天皇は軍事の側の威圧によって国民にその実像を示すことを拒まれていた。

敗戦は昭和天皇に歴史の流れの向きを変える役割を与えた。裕仁天皇は日本中を巡幸し、その姿を国民の前に示し、国民との間に新しい回路を開くことに成功した。それは天皇制の生き残りをかけてのマキャベリスティックな戦いの側面もあったが、裕仁天皇個人が戦争責任をまったく感じていなかったということはありえないだろう。昭和天皇は最後まで意識の上では君主であったが、戦後の40年余、人間天皇、象徴天皇であるべく努めたことはまちがいない。それは昭和初期までの帝王学とは異なった道筋であった。

それが明らかになったのは、昭和63年4月の、最後の記者会見であった。

記者団から「第2次世界大戦について、あらためてお考えをお聞かせください」と問われた昭和天皇は、15秒ほど無言であった。そして「何と言っても、大戦のことが一番いやな思い出であります」と述べられた。新聞は書かなかったが、その時に左頬に一筋の涙がこぼれた。すでにその2年前、昭和61年4月の在位60年記念式典でも、ある写真は一滴の涙がライトに光っていることで、天皇の悲しみを伝えていた。

昭和天皇は戦前から少しずつ離れて、40数年をかけて人間天皇、象徴天皇という像をようやく確立したというのが、私の解釈である。それは父大正天皇、祖父明治天皇という二人の先達への応答であり、皇太子明仁と皇孫徳仁という二人の後進へのメッセージと解することもできた。

昭和天皇の涙は私たちにある事実を教えている。天皇が在位する「目的」はどこにあるかを考えると、すべて天皇は「皇統を守ること」に腐心してきたと気がつく。目的があれば「手段」がある。手段は大きくいえば3点に絞られる。

その1は、祈りである。五穀豊穣、そして民の安寧と幸を守るべく捧げられる神への祈りである。そのための儀式の主宰者である。

その2は、文化、伝統の守護者としての役割を果たすことである。宮中の伝統芸術を継承することでもある。

その3は、折々の政治権力との間で果たすべき役割の調整である。

天皇制はこの3点をいかに守るかによって維持され、形作られてきた。

大仰に考えるなら、歴代の天皇と政治権力、あるいは国民との間で、どのような「答案」が書かれてきたか、を私たちは確認する必要がある。私たちの目の前には歴史上の「答案用紙」が積まれているのである。史書というかたちで、いつでもそれを確認することができる。

南北朝のころの「答案」を見てみよう。朝廷は権威を、幕府は権力を握るのが日本の伝統、あるいは知恵と考えるならば、南北朝の時代はけっして点は高くない。権威が権力を求めて、覇を争うことにより、人民の安寧は崩された。

江戸時代の「答案」を抜き出してみよう。全体に権力と権威がほどよくバランスを保っていることがわかる。

最低なのは、昭和10年代の「答案」である。軍事の側が天皇と国民の間に介在し、あろうことか軍事至上の天皇観のみを国民に強要した。大元帥としての天皇が突出し、統治権の総攬者としての天皇像を解体せしめた。とても合格点には達しない。帝国日本は滅亡して外国に占領され、皇統は存亡の危機にさらされた。

昭和天皇の涙はこの構図のなかで受け止めるとわかりやすい。天皇は手段としての戦争に本能的に忌避の感情をもっていることは、前述のように明治天皇が日清戦争、日露戦争のいずれにも反対（のちに説得されて応じることにはなったが）したことを見てもうなずける。20世紀に入ると戦争や革命で各国の君主制が崩壊していく。若き日にヨーロッパを訪問し、第1次世界大戦の傷跡を目撃した昭和天皇には、「大東亜戦争」（太平洋戦争）で皇室（ひいては国家と国民）を滅亡の淵に立たせたことへの恐怖と悔恨が終始つきまとっていたであろう。

平成の天皇は、父の姿を注意深く観察してきたのではないか。父からの真の継承とは、とみずからの役割を考え、手段としての戦争は選択しない、それは皇統の維持を危険にさらすと考えたのではなかったろうか。

明治天皇も大正天皇も、そして昭和天皇も、即位は先帝の崩御によった。悲しみのなかでの即位であった。しかし、平成の天皇はみずから映像によって世論を動かし、「天皇の退位等に関する皇室典範特例法」施行という展開に持ち込み（その経緯と天皇と政治との関係については議論はあるにせよ）、まったく別のかたちに改めた。

かつて即位の勅語は漢文体、だいたいは宮内省の官僚が書いた文書であった。平成の天皇は「おことば」も文書もご自身で書いたと言われている。つまり時代空間をつくり上げていこうという意思を反映しているように読み取れるのであった。そして譲位に当たってご自身のお気持ちを率直に伝えて、国民との間に回路ができているとの理解を明かした。令和の新天皇はこうした父の姿、父が検証、確認した祖父の姿をどのように観察してきたのであろうか。みずからは国民との間に、どんな回路を開こうとしているのか。

私は八月十五日の全国戦没者追悼式での「おことば」でなにが語られるのかを待っている。それは「平成の時代精神」が令和にどう受け継がれるかを占う最初の事象のはずである。

令和の初日、スタジオのなかの私は、新しいこの時代がどのように推移していくのか充分に想像できなかった。なぜなら生前譲位という、天皇にとってより人間的な方向はこれまでとは違ういくつもの変化を生みだしているからだ。改元がまるでお祭りの儀式のように変化したのは、天皇という存在を考える機会をあいまいにしてしまった面もあるだろう。

本来、生前譲位による改元は、私たちもまた平成や令和という時代の答案を書いていかなければならないと自覚する機会であった。そして令和にあって天皇という存在を、私たちの時代はどう歴史上に位置づけるのか。

すでに平成の天皇は30年をかけて「答案」を書きあげた。国民もまた納得して、「国民」の目で答案を書くことにより、答案用紙は及第点と評されて残っていくだろう。

新しい「答案用紙」が空白のまま、新天皇と私たちの目の前に置かれている。いまこそ、私たちが天皇について新たに思考すべき時なのである。

第1章
平成の天皇と象徴天皇制

戦没者の慰霊のため
「西太平洋戦没者の碑」を訪問した
天皇、皇后両陛下

平成の天皇がつくり上げた象徴天皇像

明治期にあり得た四つの国家像

4月1日に新しい元号が発表になる。どのような意味を持つ元号か、予測はつかないが、新天皇の存在が歴史的に意味を持つような元号であってほしいとの感がする。明治、大正、昭和、そして平成といずれも漢籍から採っているわけだが、今回はどのような原籍から採られるのだろうか。確かに西暦に変わっていく流れが進んでいるにせよ、元号は依然としてこの国の生活習慣や文化的伝統の役割を果たしているように思う。

東京や埼玉の一部では、小学生の間で、安心とか安全などを祈って、「安」という文字が元号に使われるといった話が流布しているそうだ。まさか安倍首相の「安」ではあるまいな、との声を私も聞いた。そのほかにもあれこれ諸説が流れているそうだ。巷《ちまた》の関心も高い、というのは悪いことではない。

さて、このたびの天皇の代替わりが〈崩御、即位〉といった形での移行ではないので、改めて冷静に時代の分析、天皇制のあり方についての思考をすることができる。その意味では今回の代替わりは、私たちに多くの機会を与えていると言えるのではないか。平成の天皇が史上初めてつくられた象徴天皇像、それを支えた皇后の役割、そして近代日本の中で平成という時代が果たした意味、さらには次の時代に何を託したのか、新しい天皇、皇后の果たすべき役割などを改めて冷静に考えることができる。本稿もその一助に、との思いがある。

言うまでもなく平成の天皇は、近代日本の中で独自の役割を与えられた。近代日本がその草創期にどのような国家をつくり上げていくか、という模索期間に、結果的に軍事主導の帝国が模索されたのはやむを得ないにしても、その折に帝国でありつつも市民社会の道義を軸にするという道もあった。明治新政府の施策の中にはその萌芽もあった。慶応3年の大政奉還、慶応4年・明治元年から明治18年の第1次伊藤博文内閣の誕生までの20年弱、日本はどのような国家づくりを行うかというせめぎ合いを続けたのである。

私はこの間に、四つの国家像があり得たと思う。前述の二つ（帝国主義国家、帝国的道義国家）に加えて、自由民権国家、折から南北戦争を終えて国づくりを始めたアメリカを模しての連邦制国家があっただろう。そのような国家づくりのいずれを見ても、天皇を中心とする国家しか目指されなかったとも言える。自由民権論者たちが作った私擬憲法にしてもその点は変わりない。つまり天皇を大元帥、主権者としての立場までは強調しないまでも、国の代表という視点で見ているのである。

これまでにない天皇像の確立

なぜ明治草創期の国家づくりを改めて問うのか。理由は簡単である。即位した時に14歳であった明治天皇は、こうした開国路線を歩むように政治指導者たちから期待され、そしてともに歩んだのである。天皇制について考える時の要諦の一つはこの点にある。

天皇の歴史観、さらには伝統儀式への取り組みなどは、側近たちから少年時代の明治天皇に教えられたといっていい。だから主体性がなかった、などと言っているのではない。明治天皇と伊藤博文などの関係を見ても、そこにはこの国を一等国にするとの共通の認識があり、ありうべき天皇制の姿を模索していることがうかがわれる。

大正天皇は、人間的には〈武の人ではなく、徹底した文の天皇〉というべきタイプであった。結局その役割を正確につかむことができず、摂政を置くことになった。大正10年に療養生活に入っている。

昭和天皇は、明治天皇、大正天皇とは異なり、近代日本でただ一人、体系だった帝王学を学んだ。大正3年から10年までみっちりと、近代日本の天皇はいかにあるべきかということをシステムとして学び、そこでの役割は軍事主導体制の姿を正確に身につけることであった。いわば人工的に天皇像がつくられ、そこで学んだことをそのまま実践することが天皇の役割だったということになる。

昭和天皇は、87年の生涯においてどれほど人間的な煩悶《はんもん》を続けてきたか、そのことを考えると、もう一つ別な見方ができる。つまり昭和天皇はご自身で自立するために、戦後は人間天皇の道を晩年まで模索しつづけた。私はその姿に畏敬の念を持つ。こうした歴史を踏まえた見方で改めて平成の天皇を見る時、独自の天皇像を確立するためにどれほど多くの苦労があったかは容易に想像がつくのである。それゆえ丁寧にその像を確認しなければならないと思う。

平成の天皇がつくられた天皇像は、この3年ほどに限ればさまざまな形で国民に示されてきたように思う。２０１６年のビデオメッセージ、8月15日の戦没者追悼式、18年の誕生日会見などでのメッセージに触れると、そのお気持ちがわかってくる。あえてそのようなお気持ちの反映した部分について、平成の天皇がどのような天皇像をつくろうとしたのか、そしておつくりになったのかを考えたいと思う。

平成の天皇は次のような過酷な条件のもとで、新しい天皇像をつくられたように思う。わかりやすく箇条書きにしてみたい。

（1）平成の天皇は12歳まで戦争の時代であった。いわば物心がつく頃から一貫して戦争の時代であった。

（2）少年期の教育は同年代の者と同じく聖戦意識の涵養《かんよう》であった。一方で昭和天皇は皇太子の軍内への任官は拒んでいた。

（3）敗戦は衝撃であり、新しい時代での天皇像は東宮職参与の小泉信三などによる、従来とは異なるタイプの教えが軸になった。

（4）新しい憲法のもとでの象徴天皇の模索は、側近たちの助力を得ながら着実に進められた。これまでにない天皇像の確立が託された。

（5）とはいえ、こうした歴史上の変化があったにせよ、皇太子、そして天皇としてのご自身の考え方、行動が史上初めての象徴天皇の姿を現実に実らせることになった。

こうしたことを整理していくと、天皇はいかに象徴天皇像を確立するかという点で、多くの人の支えがあったにせよ、ご自身の決断を大きな力としてきたことがわかってくる。

皇后の協力に触れた時の感情の高ぶり

18年12月のお誕生日の記者会見では、お言葉をお読みになられたが、その折には時に声を震わせ、時に涙ぐまれた。そういう天皇の姿勢は国民の側にも共鳴する心理を生んだ。特に末尾で皇后の協力に触れた部分では、感情の高ぶりを見せた。皇統を守る天皇のお側にあっての皇后の協力に、ひときわの感謝を持っているのであろう。

天皇が象徴天皇としての具体的なあり方をつくられていく時、皇后の協力は大きかった。私は皇后の天皇に寄り添う光景に、皇統を守るということがどれほど大きな務めなのかを理解したが、そこには皇后の毅然とした姿があるように思えた。

皇后は皇太子とのご結婚の折に侍従たちに密かに、その決意を漏らしたという。当時の東宮侍従長の黒木従達は、宮内庁関係者の読む誌の、「ご結婚20年に寄せて」という企画の中で次のように書いている。

「『度重なる長いお時間のお話しの間、殿下はただの一度もご自身のお立場への苦情をお述べになったことはおありになりませんでした。またどんな時にも皇太子と遊ばしての義務は最優先であり、私事はそれに次ぐものとはっきり仰せでした』と後に妃殿下はしみじみと述懐なさっていた（以下略）」

この初心に徹しきっているのが皇后だとの証言は、私も何度か関係者から聞かされた。ともすれば天皇と皇后がともにという言い方がされるのだが、実際は皇后は天皇と並列の状態で天皇像をつくっているわけではなく、皇統を守る役目の天皇を、一歩ひいて支えているということになるのであろう。

天皇を支えるという意味では皇后は、平成の時代にあってもその役を守り抜いたということになるであろう。この形は時代の枠組みの違いこそあれ、皇后の果たすべき役割だとも言えるのではないか。昭憲皇太后、貞明皇后、香淳皇后、そして平成の皇后とそれぞれ時代の枠組みの中で、皇后は天皇を支えたということが言えると思う。

平成の皇后はこれまで、誕生日の折にご自身のお気持ちを国民に伝えている。たとえば平成6年の誕生日の際には、「皇后さまが入られて35年間で皇室もずいぶんと変わりました。『皇后さまが陛下とお二人で新しい風を吹き込まれた』という意見も聞かれますが、いかがお考えですか。皇后さまが目指される皇室像を含めてお聞かせください」との質問に答えられた中に次のような一節があった。

「皇室も時代と共に存在し、各時代、伝統を継承しつつも変化しつつ、今日に至っていると思います。（略）きっと、どの時代にも新しい風があり、また、どの時代の新しい風も、それに先立つ時代なしには生まれ得なかったのではないかと感じています」「（皇室観について）陛下のお側にあって、全てを善かれと祈り続ける者でありたいと願っています」

皇后のこのお気持ちが、平成にあって皇統を守る天皇を補佐する姿勢だということになるのであろう。さらに平成13年の誕生日の際には、赤十字の活動に触れ、障害者の人びとの活動に触れた経緯を語り、そして次のように語られた。

「振り返りますと、社会の中でたくさんの新しいことが、手探りのようにして始められていた時代であったように思われます。私自身は、こうしたさまざまな社会の新しい動きの中で、先駆者たちの姿に目を見張り、その言葉に聞き入り、常に導かれる側にあって歩いてまいりました」

とである。

平成のキーワードは「天皇」

こうした発言を見ていくと、皇后の姿勢にはある一筋の道が貫かれていることがわかる。天皇と歩んだ道は常に「支える」「祈る」「導かれる」という芯が通っている道だということである。

その道は皇后が民間から皇室に入られた時の決意によって一貫していたといってもよかった。

改めて皇后が皇太子妃となった折に一般社会からどのように見られていたかを思うと、すでにその時から、公務を優先している天皇をサポートすることに徹すると自らに課している姿が印象的であり、それはやはり歴史的だということになるであろう。

ともすれば、平成の天皇を論じる時には皇后のとらえ方がワンパターンになっていた。そのために皇后の像が、明確になっていなかった。平成の皇后はどのような役割を果たしたのか、を改めて確認する必要があるだろう。

平成16年の誕生日、皇后は古希を迎えられた。その折には嫁がれる日の思い出を語っている。「家を離れる日の朝、父は『陛下と東宮さまのみ心にそって生きるように』と言い、母は黙って抱きしめてくれました。両親からは多くのことを学びました」。そしてご成婚の日に多くの人から受けた「温かい祝福を、感謝とともに思い返すことがよくあります」とも答えている。

重要なことは、次の点にある。皇后の果たす役割を明確に語っている。

「陛下が東宮でいらした時は、昭和天皇をお助けし、昭和の時代を支えていくという、静かな、しかし強い陛下のご気迫を、常に身近に感じておりました。また、お若い頃より伝統を今に活かしつつ、時代の要請に応えていこうとなさる陛下のお気持ちは、いつか私のものともなって、このお気持ちをともにしつつ、皇室での日々を過ごしてきたように思います」

平成という時代のキーワードは、どうあれ「天皇」という語が軸になる。昭和の時代もキーワードは「天皇」「戦争」「国民」であったが、平成はより鮮明に「天皇」の意味が問われるといってもいいであろう。それほどの重みが、戦争の追悼と慰霊といった側面で窺えるのである。

今、私たちは平成の天皇の姿を近代日本の流れの中で捉え、そしてその天皇を支えた皇后の姿を通して「新天皇論」を考えていくべきなのである。

声を震わせた「おことば」を読み解く

平成の天皇による「新天皇論」

天皇陛下の在位30年を祝う記念式典が、2月24日に国立劇場（東京都千代田区）で開かれた。この式典で、天皇は国民に向けて、さらにあえていうならば皇后に、そして皇太子に向けて「おことば」を発した。おことばにはそういう様々な思いがこもっていた。

昨年12月のお誕生日の折のおことば、そして4月30日の退位の日にもおことばが発せられるだろうと言われているが、この3回に込められた天皇のお気持ちには共通のお考えがあるように私には思えるのである。そのお気持ちは、平成の天皇がつくり上げた「新天皇論」と言っていいように思う。その視点で論述を進めていくことにしたい。

このおことばは、全文１５００字足らずであり、天皇のこれまでのおことばとほぼ同じ程度の字数なのだが、内容はご自身で来し方を振り返っているだけに、きわめて濃い内容である。すでに全文は新聞などで紹介されているが、ここではこの国民に向けたメッセージの中に、重要な柱が4本佇立《ちょりつ》しているとの理解からの分析を試みたい。

あえて箇条書きにしてみよう。

（1）平成は「戦争を経験せぬ時代」であった
（2）象徴天皇像は私一代ではできない
（3）国民にこの像は理解していただいている
（4）皇后の和歌と国民の声との歩み

つまりこの4本の柱に支えられていることで、天皇はこの30年を形ある実りの多い在位期間であったと述懐したのである。どれが欠けても平成という時代は語ることができないとの満足感がこのおことばには盛られている。私たちもそのことに気づくべきである。この思いが、すべての語に結び付いている。それ故に貴重な意思表示であったのだ。

「天皇のために」戦死した者が皆無

（1）について言うなら、初めに「平成の30年間、日本は国民の平和を希求する強い意志に支えられ、近現代において初めて戦争を経験せぬ時代を持ちましたが、それはまた、決して平たんな時代ではなく、多くの予想せぬ困難に直面した時代でもありました」との一節がさりげなく盛り込まれている。このことは、お誕生日の時の会見でも話されていた。

私はこの表現に天皇の万感の思いが宿っているように思う。あえて歴史的には二つの意味があると受け止められる。一つは、自らの世に戦争がなく、国民を不幸な環境に置くことがなかったという実感である。近代日本の天皇は、戦争を体験することで内心では苦しんでいる。平成の天皇がみずからの時代にそのようなことはなかったと言うことの意味は、「天皇のために」といって戦死した者が皆無という喜びに通じている。

もう一つは、先帝をはじめ明治、大正の各天皇への労《いたわ》りである。

この点は少し説明を必要とするが、先帝を含めて近代日本の天皇が戦争を欲していなかったにもかかわらず、結局は戦争を選択したのは、それぞれの時代の法的、政治的枠内で意思なき存在に追い込まれていたからだ。平成の天皇はそういう先帝への思いやりを言外に示したと言うことができる。単に自身の世を喜んだだけでなく、先帝の心痛を思いやったと解釈すべきであろう。

それが新天皇論の骨格に据えられるべきであろうと、私は考えている。そのうえでより重要なのは、（2）の「象徴天皇像は私一代ではできない」との考えである。

象徴天皇は平成の天皇が独自につくり上げた天皇像であるということは、歴史的にも妥当性を持っているとの理解から出発しているのであろう。その部分は以下のように語られている。重要な論点なので引用しておきたい。

「憲法で定められた象徴としての天皇像を模索する道は果てしなく遠く、これから先、私を継いでいく人たちが、次の時代、さらに次の時代と象徴のあるべき姿を求め、先立つこの時代の象徴像を補い続けていってくれることを願っています」

ここに盛られている内容は、今回のおことばの中でもっとも重い意味を持つ。象徴の像はどのようなものか、それははっきりとした形はない。私は私の思う形で、象徴像をつくってきた、しかしそれとて完全とはいえない。いや、むしろ象徴天皇像を求める道筋はあまりにも長い。私に続く天皇はぜひ私のつくった像の不足部分を補ってほしいと、みずからの天皇像の継承を訴えている。

こうまで言う天皇の考えとはどのようなものか、それを推し量ると、すぐにいくつかのことに思いがゆく。なかでも重要なのは、象徴天皇の姿はもっとも歴史にかなっていて、この像を支えている政治的バックグラウンド（たとえば憲法の存在）がそのまま容認されていることだ。その容認を望んでいる姿勢を明確にしているのである。

そしてこの象徴天皇像は、国民に信頼されていることが天皇の実感となっていることでもあった。それはこのおことばの中でさりげなく明言されている。「私がこれまで果たすべき務めを果たしてこられたのは、その統合の象徴であることに、誇りと喜びを持つことのできるこの国の人々の存在」という一文は、「この国の人々の存在」にかかる形容句に注目すると、国民のイメージが明確になる。

天皇は象徴天皇像をつくろうとし、実際につくったその像に国民が理解を示しているとの実感を持っていることがわかる。このところの各種の調査によれば、天皇制の支持者は9割に達するという。そういう背景がこうした論を支えていると私は解釈する。天皇はこれまで象徴天皇を理解してほしいと国民に訴えていたが、今回のおことばでは、国民の理解は定着しているとの充足感を示している。在位30年はそのことを示されたと考えると重い意味がある。

皇室とともに平和な日本をつくる

前述の4条件の中の（3）は、国民に支持されているとの充足感を改めて披歴したとの意味になるのだが、前述のように「この国の人々の存在」という部分と、最終節で語っている次の表現とも重なり合う。

「(平成の初めに）全国各地より寄せられた『私たちも皇室と共に平和な日本をつくっていく』という静かな中にも決意に満ちた言葉を、私どもは今も大切に心にとどめています」

ここでは即位以来、国民から寄せられた決意の言葉を今も大切にしていると明かしている。国民の共感、共鳴を心にとどめてきたとの言説はこれまであまり語られてこなかっただけに、その意味するところは大きい。私はこれまで、天皇を論じる稿で、天皇と国民は回路をつくるべきだと主張してきたが、それはすでに出来上がっているのかもしれない。いや、天皇の意識の上では、すでに30年がその期間だったという考えなのかもしれないと思う。

天皇は今回のおことばで、皇后の「感慨のこもった一首の歌」を紹介している。次の歌である。

ともどもに平《たひ》らけき代を築かむと諸人《もろひと》のことば国うちに充《み》つ

この歌について、天皇は次のような背景に触れている。

「平成は昭和天皇の崩御とともに、深い悲しみに沈む諒闇《りょうあん》の中に歩みを始めました。そのような時でしたから、この歌にある『言葉』は、決して声高に語られたものではありませんでした」

皇后の歌の中にある「諸人のことば」とは、まさに前述の、私たちも皇室と共に平和な日本をつくっていくといった言葉だというのである。ここで天皇は、皇后の歌と唱和する国民との回路を語っていることになる。きわめて意義のある構図ではないか。

皇后のこの和歌は、平成2（1990）年に「平成」という題のもと、三首お詠みになったうちの一首である。この時に詠まれた一首には次の歌もある。

平成の御代《みよ》のあしたの大地《おほつち》をしづめて細き冬の雨降る

この年の皇后の記者会見などの発言を見ると、天皇を支えるという役割を果たすことを繰り返し語られている。先の和歌は天皇がそのような役割を果たすことを側面から見守っていきたいとの意味も含んでいると言えるであろう。私には含蓄に富む言い方だと思えるのである。以上のように在位30年の儀式では、天皇の姿勢が前面に出て、その歴史的充足感が明らかになった。平成という時代の全体図がこのようなおことばによって、時代の様相そのものとして浮かび上がってきたと言える。

それが平成の精神というべきではないか。まさに国の損益の基盤がどう変化するのか、どう動くのか、私はそれをやはり分析する必要があると思う。国際社会の中で、さらに日本の果たす役割はどういう点にあるのかが問われ、さらにそれを整理していく必要があるということになるのであろう。今回のおことばで、天皇は平成の災害時の国民の姿勢と外国からの援助についても言及している。その部分も引用しておきたい。

「(私がこれまで務めを果たしてこられたのは)過去から今に至る長い年月に、日本人がつくり上げてきた、この国の持つ民度のおかげでした」

民度の高さ、についてもこれほど明確に感想を明かしたことはなかった。それだけ天皇の心底には、全国を回った折の国民の姿が鮮明に記憶されているということになるのだろう。

天皇と国民、相互信頼の回路

これまでも触れてきたのだが、天皇と政治的支配者、あるいは天皇と国民の関係、あるいは絆という面で見ると、歴代天皇との間でそれぞれの時代がどのような関係をつくり上げてきたか、今の私たちの前には歴史上の答案用紙として積み上げられているように思う。いつの時代も天皇と国民は共に答案を書いたと言っていいであろう。私はこの答案用紙は常に次代の判断、採点を受ける宿命を持っていると考えている。採点の基準は、権威と権力が分立していることだ。徳川時代などはその意味では、朝廷と武家政権の間で、時代により若干の変化はあるにせよ、巧みに均衡が取れていたと言っていいであろう。

逆に南北朝の時代などは権威の側が権力争いを起こし、社会の安定を欠いている。この分立体制が崩れた時に時代はとんでもない方向に向かう。

序章でも述べたが、積まれている答案用紙の中でとても合格点に達しないのが、たとえば昭和10年代である。単にこの期間に戦争があったからなどというわけではない。軍部が国民と天皇の間に入り込み、軍事内部の天皇観を国民に押し付けたのである。国家総力戦という概念を自分たちに都合の良い解釈で振りかざし、国家を兵舎化したのである。そして昭和天皇を平然と利用した。あえてここで二つのことを指摘しておくべきだと思う。

二つのことというのは、一つは軍部にとって天皇は大元帥であり、生命を賭す対象、神格化された存在である。しかし国民にとっては元首であり、この国の主権者である。軍部とは異なった天皇像である。軍部は天皇と国民の間に入り込み、神格化された存在を押し付けたのだ。

しかも神武天皇以来の聖業として、「大東亜戦争」を意義づけた。天皇に忠誠を誓った我々は何と幸せなのだろう、それに比べて江戸時代や明治初期の武士や兵士は何と不幸なのかと、軍部は愚弄した。主君に忠誠を誓うという誤りを犯したというのである。

もう一つは、大日本帝国憲法は昭和5～6年ごろからは死滅状態になった。以後は軍内法規が優先する時代に入ったのである。このことは重要で、軍事指導者の国家蹂躙そのものがもっと弾劾されるべきだと私は考えている。

軍部の圧力や傍若無人な言動に、昭和天皇は困惑し、不快感を隠せなかった。政務室でのひとりごとなどはその心理をあらわしていたのである。

私たちの目の前に積まれている、天皇と国民による答案用紙、昭和10年代は合格点に達しなかったことに比して、今回の天皇のおことばは国民との間に回路を持ち得ているとの充足感が窺える。と同時に国民の側にも天皇、皇后への信頼感があることが示されている。

祝賀会の翌日、ご学友ジャーナリスト・松尾文夫が旅立った

近代史を背負ったジャーナリスト

新しい時代に語られるべき「新天皇論」の試みを続けているわけだが、天皇論は多様かつ重層的に論じられなければならないと、私は思っている。その視点で以下の稿を書き進めたい。今回は少々趣向を変えて天皇のご学友の死を通して、天皇と国民というテーマについて考えてみたいと思う。

この2月26日の午後に、共同通信の友人から連絡が入った。「松尾文夫さんがニューヨークのホテルでお亡くなりになりました。そういう第一報が入っています」と言うのであった。私は言葉を失い、「どういうこと？　死が確認されたの？」と聞いた。彼は、間違いありません、と繰り返す。事故ではなく、お年ゆえの自然死のようです、とも言うのであった。

2月の初めに松尾さんから電話がかかってきて、少し雑談をした。「君、やはり韓国とはこんな関係になってはいかんよ。今年は近代日本の韓国との歴史を調べて、もっと建設的な関係になるように努力しなければいけない。史実を正確に理解しなければ」と言うのであった。松尾さんは、ジャーナリストとしてみずからの果たすべき役割は何かを常に考えていた。

そういう姿勢には、私も多くのことを教えられた。もう20年ほど前から、一ジャーナリストとして、日本の首相が真珠湾を訪ねて献花する、一方でアメリカの大統領は広島を訪れて献花する、いわゆる「日米首脳による相互献花外交の実践」を提唱してきた。このことは機会あるごとに繰り返し主張し続けていたが、アメリカの言論の世界でも譲らず、結果、松尾さんの主張は少しずつ広がっていった。それがオバマ大統領の広島訪問につながったのである。

こうした建設的な提言を行うジャーナリストとして、松尾さんの名は各界各層の人々に知られるようになった。2017年には日本記者クラブ賞を受賞している。

報道各社の松尾さんの死亡記事は、いずれも大体同じであった。1956年に共同通信社に入り、社会部で記者としての道を歩み、やがて特派員になり、ワシントン支局長として手腕を発揮した。支局長時代にアメリカ政府内の動きを察知し、ニクソン政権下での米中和解を見抜いている。このことは日本の総合誌で自身の予測を明確にしたのだが、松尾さんは後々までこの時の編集者に感謝していて、その律義な姿勢に私は驚かされた。

各紙の松尾さんの死亡記事を見ていて、松尾さんの人生に影響を与えた出来事がいくつかあるのに、それに触れられていないことに私は不満を持った。本稿では、その点にあえて触れておきたいと思う。松尾さんは実は近代の歴史を背負っている人でもあった。そのことについて、私は何度か松尾さんと話したこともあった。

私が、松尾さんと初めて会ったのは、昭和60（1985）年前後であった。その頃私は、昭和天皇の弟宮である秩父宮雍仁《やすひと》親王の評伝を書こうと取材を始めていて、関係者に会っては話を聞いていた。秩父宮は、第2位の皇位継承者として兄上である昭和天皇に仕えていた。明治、大正、二人の天皇には弟宮が存在しないため、秩父宮にどのような教育を施すか、宮中周辺には明確なシステムと内実がなかった。とにかく軍人の教育を受けることになったのは、大元帥である兄宮を補佐するためであった。これは私の見方になるのだが、宮中にあって、第2皇子、第3皇子（高松宮殿下）、第4皇子（三笠宮殿下）には、もしかすると天皇になるかもしれないが、自分自身で天皇になると思ってはいけない、といった教育が行われたように思える。つまり前例がなかったのだから、その方針も揺れていたのである。

その混乱が秩父宮の歩む道に投影し、軍人の道、直宮としての道、各種の名誉職と激しいスケジュールをこなしていたため、35歳の折に結核で倒れることになってしまった。悲劇の殿下だったと私は思う。特に2・26事件では、反乱軍の青年将校に第1師団の歩兵第3連隊（歩3）に所属する者が何人かいたために、かつて第3連隊の将校であった秩父宮が、あたかも事件に関係があるように語られてきた。事件の時は、弘前連隊に身を置いていた秩父宮であったが、そのような詮索が続いていたのである。

2・26事件で射殺された祖父・松尾伝蔵

松尾さんの父・新一はかつて歩3の将校であった。秩父宮と同時期に軍務に精出していた。秩父宮のことをよく知っていたのである。私は手紙を出して了解をもらい、会うことになった。ホテルの喫茶室で会ったと記憶しているが、その時に息子だと言って一緒に来たのが松尾さんであった。共同通信のワシントン支局のポストを離れ、日本に戻って来たとも聞かされた。

「僕より若いのに、秩父宮殿下に興味を持つというので、どんな人物が関心を持つのか知りたくて親父について来たんだ」

と言って、私を品定めした。以来、松尾さんとは時に会うこともあり、昭和史について様々な話を交わした。その中で多くのことを私は教えられた。松尾新一の父、つまり松尾さんの祖父は松尾伝蔵である。2・26事件の時に、義兄に当たる岡田啓介首相を官邸に訪ねていた。青年将校は岡田首相と思って伝蔵を射殺している。岡田はお手伝いさんたちの部屋の押し入れに匿《かくま》われて助かっている。このエピソードはしばしば歴史上の秘話としても語られ続けている。

松尾さん自身はこの事件の時には、まだ3歳か4歳であり、記憶はない。しかし父親と同じ歩3の青年将校が加害の側にいることに複雑な思いがしたはずであった。新一はそのことを率直に語り、あの事件への批判を隠さなかった。「秩父宮様があの事件に不快感を持たれておりましたことはよく承知しています」との言葉が印象的であった。松尾さんの死亡記事に2・26事件をめぐるこうした話は出てこない。松尾さんはなぜ2月26日（日本時間）に亡くなるのかと私は思わず呟《つぶや》いたのだが、より詳細がわかってみると、2月26日の未明に滞在先のホテルのバスルームで死亡したという。

私は神仏への信仰は強い方ではない。それにしてもなぜ2月26日の未明なのか、この偶然にひたすら考え込むばかりであった。青年将校に祖父が撃たれる時間に近いじゃないかと思うと、松尾さんの心中を思って複雑な気持ちになる。今年は事件から83年に当たる。改めてこの事件の教訓を、私たちに教えたのかもしれない。

松尾さんの死亡記事では、各紙とも2・26事件との絡みはあまり報じていなかったが、さらに、天皇のご学友という事実にも触れていなかった。ただ『日本経済新聞』のように、「(松尾さんは)天皇陛下とは学習院高等科と大学の同級生。寮の同室で過ごし、長年、親交が続いていた」と書いている新聞もあった。これが目につくくらいだから、この点についてはほとんど知られていないと言っていいだろう。

天皇は高等科時代には寮に入っていたという。その時に二人相部屋で共に過ごしたのが松尾さんであった。その生活がどのようなものであったか、学習院時代の学友の中には社会に向けて発信する者も少なくなかったが、松尾さんは一切話さなかった。天皇との学生生活はさまざまな思い出があるように思われるのであったが、そうした話は寸分も漏らさなかった。マスメディアに属していながら、その点の口の堅さは確かに信頼の源になるように思われた。

「陛下のお心を大切にしたい」

作家の半藤一利さんをはじめ、松尾さんをふくめて何人かと話し合っている際に、陛下とは時にお会いするとふと漏らしたことがあった。同室で共に過ごされた体験は、松尾さんの歴史を見る目や国際社会の現実を考える重要な尺度になっているように思った。松尾さんと話している時に、私は国益とかナショナリズムについて、何度も大切な示唆を受けた。かつての日本の歴史をきちんと見つめて、謝罪すべきところは謝罪し、継承すべき点は継承しなければいけないとの立場は、私にはよく理解できた。

これは私の主観的な判断になるのだが、松尾さんは天皇のご学友としてその心情においては、平成の時代に戦争がなかったことを何よりも喜んでいたように思う。自分は本当は研究者になりたかった、と漏らしたことがあったが、実際に政治学の研究の道を歩みたかったのだろう。その研究テーマは太平洋戦争の原因を正確に調べるとか、あるいは戦後のあり方について、具体的な方向を提示したいと考えていたのかもしれない。今回、アメリカに行き、資料調べや公的機関で資料の確認をし、さらに韓国をはじめ東南アジアと日本の関係史を調査するという意気込みは、自らの時代を徹底して見つめておこうとの終生の意志でもあったと言っていい。

松尾さんの死が報じられたのは、2月27日の朝刊であった。享年85という年齢であり、その死は年齢からくる自然死であると報じられた。その日の紙面は、天皇の在位30年を報じる記事がいくつかあった。在位30年にあたり、天皇は「戦争を経験せぬ時代」という一節をふくむ「おことば」を述べられた。象徴天皇像を確立するには多くの時間が必要とされるとも述べられた日に、松尾さんはアメリカに向かった。そして27日の朝刊は、前日の各界の関係者を集めての宮中茶会で、多くの人たちと会話を重ねた内容や写真が報じられていた。

天皇と皇后の、笑みを浮かべての写真があった。在位30年、そしてあと2カ月で皇位は譲位されるのである。時代はその節目にあった。その日の紙面で、松尾さんはこの世との別れを告げている。その二面性に気がつくと、私は涙が抑えられなくなってしまうのであった。松尾さんとは30年余の付き合いであった。決してご学友であることを率先しては語らなかった松尾さんが、ある時に「自分は陛下のお心を大切にしたい」ということを言われた。日米首脳による真珠湾、広島への相互献花による和解についての、松尾さんの揺るぎない主張も「陛下のお心を大切にしたい」との思いから出発していたのかもしれない。オバマ大統領のヒロシマ演説を称賛まじりに語っていた口ぶりも、私は忘れていない。

昨年12月のお誕生日会見、そして年が明けてからの、今回の在位30年の会見などで、天皇は国民とどのような絆を結ぶことができたかを私たちに示した。天皇は在位30年の会見で、きわめて冷静に国民像を分析していることに気づかされる。松尾さんが口にした「陛下の思い」、つまり平成の天皇がつくられた道はいかに価値があるのか、私たち国民は再確認すべきであろう。

第2章 崩御と即位

——「父と子」の物語

英字紙を読む昭和天皇と皇太子（平成の天皇）

「父と子」という視点から天皇を見る

外国人による昭和天皇の評伝

　近代日本の天皇の中で、最も評伝が書かれているのが昭和天皇であろう。昭和天皇は明治天皇、大正天皇と比較すると多くの点で異なっている。それを並べてみると、在位期間が長い、戦争・敗戦・占領を体験した、体系だった帝王学を受けた、3人の弟宮を持つ、などが差し当たりの特徴であろう。それだけに評伝も書かれやすい。歴史的にも検証されなければならない存在でもある。

　太平洋戦争後、昭和天皇の評伝は外国人によるものも増えた。邦訳の順に見れば、英国人ジャーナリストのレナード・モズレーの『天皇ヒロヒト』（1966年）を嚆矢《こうし》とするが、この書は50年代に日本に滞在したモズレーが、皇室方面を多数取材して執筆された。天皇はあの戦争に関して責任はないとの立場から書かれている。平和主義者として見る立場をとっている。逆にデイヴィッド・バーガミニは少年時にアジアで育ったのだが、太平洋戦争の始まりとともにマニラなどで収容所に入れられていたこともあり、反日の気分を持って『天皇の陰謀』（73年）を書いている。前述のモズレーの書とは対照的で、同じ日本の昭和天皇に対しながら、見方がこうも違うかという点に特徴がある。

昭和天皇への見方は外国人の執筆による書を読むと、日本の独自の文化がつくりだした制度との見方と、軍事が一方的に利用した制度といった見方があることに気がつく。こうした外国人による見方は、このころ、戦争と切り離しての論がまだ十分に確立していなかったという意味にもなるであろう。20世紀の後半から21世紀にかけて、外国人による昭和天皇論は、ハーバート・ビックスやピーター・ウエッツラーなどが書いている。いずれも戦争との絡みでの天皇論になっている。

近年になって、66年生まれのアメリカの新しい研究者としてケネス・ルオフが『国民の天皇』を刊行し、戦後民主主義における天皇像について論じている。このような次世代の研究者の登場により、やっとバランスのいい天皇像が語られることになっていく。

天皇と皇太子を「父と子」として見る

このことは何も外国人研究者のみならず、天皇を論じるにあたり、いくつかの視点がまだ十分に検証されていないとの意味を含んでいる。今回はこの欠落している視点について考えてみたい。特に代替わりにあたり、考えてみたい点として差し当たり次のような点を指摘しておきたい。箇条書きにしておこう。

（1）外国人執筆者の天皇論は日本社会にどのような影響を与えたか。
（2）天皇と皇太子を「父と子」という視点で論点整理する。
（3）皇太子教育、帝王学などの天皇に与えられる教育の軸は何か。
（4）皇室典範と大日本帝国憲法、日本国憲法の基本的な関係を明確にする。
（5）歴代の近代日本天皇の実像を正確に残す（実録とは別に）。

私は今、新たに、多様な形で、天皇論が語られるべきだと思う。その点で、今回は（2）について考えてみたい。

代替わりは基本的には父（天皇）から子（皇太子）への譲位である。近代日本ではいずれもそうであった。したがってそこには「父と子」の対立、あるいは畏れと敬愛とさまざまな光景が描かれてきた。実はその光景に近代日本の正直な姿が凝縮しているのである。その光景の分析によってこそ、近代日本の天皇制の本質に迫ることができるとも言える。

孝明天皇は数えで16歳で即位し、35歳で崩御している。慶応2年12月25日である。在位は20年余に及ぶのだが、祖父の光格天皇、父の仁孝天皇と続く皇統を守りながら、幕府と反幕府の対立からくる廃帝の危機すら感じながらの日々を送った。孝明天皇の崩御は突然のことであり、歴史的にはさまざまな噂が流れている。しかも攘夷思想に傾いていただけに、それを快く思わない勢力から毒殺されたとの説も一貫して流れている。

子としての明治天皇は、その考えを変えなければならない立場に立った。攘夷派ではなく、開国派として立つことが求められた。そういう立場への同情だろうか、明治天皇が践《せん》祚《そ》してからの日々、その枕元には孝明天皇の亡霊が立つという噂が宮中内部に流れた。『岩倉具視関係文書』には、ある公家の一文に「新帝には毎夜毎夜御枕へ何か来り御責申候に付御悩と申事にて」とあった。明治天皇は先帝から何か責められている様子だというのである。こうした噂が宮中内部に流れるだけの理由があったということになるのであろう。

歴史的には、孝明天皇の崩御によって必然的に、まだ14歳の皇太子が即位することとなり、天皇の意向を考える必要のない状態が望ましい宮中内部の勢力が力を持つことであった。明治天皇はこの年齢で、父を失うと同時に、攘夷派の父に背く形で天皇にならなければいけなかったのである。

この頃の朝廷は政治的に開国派と攘夷派の対立が激しく、罵《のの》り合《し》いが日常的に続いていて、明治天皇は困惑の中で新天皇としての道を歩むことになった。孝明天皇への思慕は抑えていたのである。

昭和天皇崩御にいたる過剰な報道

明治天皇が体の調子がわるいということで、体を休めるようになったのは明治45年7月10日だという。歩くのも辛《つら》そうになったというのだ。この時61歳である。崩御したのは7月30日である。明治天皇は糖尿病を患っていて、それが少しずつ体を痛めつけることになった。体を休めるように言っても、各種の会議に出席していた。使命感の強い人だったということになるだろうか。

実は晩年の明治天皇には「四つの心配事」があったというのである。伊藤之雄《ゆきお》の『明治天皇』によるなら、その4番目に、「皇太子嘉仁親王が十分に天皇としての役割を果たせるか」が挙げられている。皇太子が、他の三つの心配事（たとえば内閣と陸海軍の関係など）を制御できるのかが不安だったのである。

明治天皇は崩御の2～3年前から、皇太子に対して自らの上奏を受ける場に立ち会わせ、その政務の一端を見せることで教育しようと試みていた。しかし皇太子はこれを嫌い、事あるごとに立ち会うのを避けた。業を煮やした明治天皇は、私は皇太子教育を間違えたと側近には漏らしている。明治天皇と皇太子の関係を、「父と子」という関係で見れば、決してうまくいっていたとは言えない。

大正天皇は、大正10年11月に皇太子裕仁親王殿下が摂政宮についてからは、葉山などの御用邸で療養生活を送っていた。しかし大正15年10月、11月ごろからは体調が悪化し、死を想定しなければならなくなった。牧野伸顕や西園寺公望らが集まって、国民にどのように知らしめるかという相談をしている。すでに5年近く、大正天皇は国民の視線から遠ざかっている。皇太子が摂政宮として国民に身近な存在になっている。

近代日本の天皇制を考える時に、大正10年11月から15年12月までの5年間は奇妙な空間である。軍事的には他国へは全く派兵していない。社会の中に、反軍的な空気も広がる。

一方で関東大震災があり、国民の間に虚無感も広がっていく。

この時代、皇太子は摂政として、天皇であって天皇ではないという立場であった。社会的にいうならば、天皇は存在するけれど、しかし天皇はいないという形が定着していた。

大正天皇の体調は、次第に回復不可能になっていく。宮内庁は、大正15年12月15日に天皇の病状について公式に発表した。この年9月に倒れたがそれが長引いていて病状は安定していないと伝えている。「御右胸に気管支肺炎の御症状を拝診し奉る」といった一節が見える。この病状は号外で発表されたが、東京市民にはさして驚きを与えてはいない。12月25日午前1時25分に大正天皇は崩御した。

その枕辺には貞明皇后が付き添った。医師団が崩御を伝えると、貞明皇后はすぐさま椅子から立ち上がって、摂政宮の後ろに立った。天皇の死は、次の天皇の誕生であり、貞明皇后は皇太后となり、一歩身を引くというのは当然のことだったのである。そして皇太子は天皇となり、昭和という時代が始まった。

昭和という時代は「父と子」の儀式をめぐって、どのような光景があったのだろうか。

昭和天皇の崩御は、昭和64年1月7日であった。昭和62年4月29日の自身の誕生日の祝宴の席で、気分がすぐれない状態になり、そして翌年63年の9月からはベッドにふせったままの状態になり、メディアは連日、輸血量や下血の様子、体温、血圧などを報じている。こうした情報の公開は明治天皇、大正天皇の時はまったくなかった。いかにも情報時代の産物のように思えるのである。ここまで報道しなければならないのかという疑問を誰もが抱いた。

しかしこのような報道によって、天皇崩御への道筋、さらには心理的な準備が少しずつ形づくられていった。

天皇に過酷な道を課した日本社会

皇太子が践祚の儀を行ったのは、1月7日午前10時であった。この儀式は、正確には「剣璽《けんじ》等承継の儀」というのだが、剣、勾玉《まがたま》、国璽・御璽を天皇は引き継ぐ。この内部の儀式は、宮中に持ち込まれたテレビによって放映された。そして9日の「即位後朝見の儀」では国民に「おことば」を伝えている。近代日本では初めての口語体であった。その中には、「皆さんとともに日本国憲法を守り、これに従って責務を果たすことを誓い」との一節があった。まさにそれまでの天皇と異なり、民主主義体制という政体の下に天皇がいるというありようを国民にはっきりと伝えた。

近代日本の代替わりをこのように細部にわたって見ていくと、そこには複雑な関係性、複雑な感情を織り込んだ光景が浮かんでくる。同時にここには人間的な寂しさが影の彩りとしてあり、崩御・即位には残酷な面があることは否めない。

この面を訴えたのが2016年8月の、平成の天皇のビデオメッセージだったといっていいだろう。それは人間としての呼びかけだったのである。

平成の天皇のメッセージは、実は近代日本だけでなく、これまでの天皇制のあり方を考える上で重要な意味を持っていた。日本は戦後民主主義の時代となり、国民に市民としての権利が保障される時代に入った。しかし天皇は、そのような時代とは距離を置いていた。「終身在位」と「男系男性天皇」は、旧皇室典範と新皇室典範の柱でもある。中でも終身在位は、これまで述べてきたように、天皇個人と天皇家にとっては、きわめて心理的に不安と不信の原因になっていることがわかる。そこから解放された今回の代替わりは、このような不安と不信の構造を超えたといえよう。その点を私たちも祝福すべきであろう。

昭和天皇は、大正天皇の位を差し置いて摂政宮についたのではないかと不安になっていたように思う。昭和63年秋からのベッドにふせっての療養の中で、侍従の卜部亮吾に「摂政宮を考えているのじゃないだろうね」としばしば尋ねている。政務に終身取り組もうとした姿勢とは別に、ゆっくりとお休みになることさえ許さなかった日本社会は、天皇に過酷な道を課していたように思う。

　今回の代替わりの「父と子」のあり方の背後に、私たちはこれまでの「崩御・即位」の姿を思い浮かべる必要があるのではないだろうか。

崩御と即位——「父と子」の物語

父親としての顔

近現代日本の代替わりは、いずれも「父から子へ」という形をとった。加えてこれまで触れてきたように、「崩御・即位」という流れをつくってきた。この2点が特徴でもあった。

しかし今回の代替わりは、「父から子へ」という形は踏襲されるものの、崩御、そして即位といった流れはなくなる。このことは皇統の継続が、これまでも例があるように天皇と皇太子の間で円滑に行われ、そして宮中の関係者たちの感情を一点に収斂《しゅうれん》することができることを意味する。つまり悲しみから解放されるのである。

その意味で近代日本のこれまでの代替わりの中から、父から子へといった形で皇統が移る時の感情の正直な姿を、前稿とはまた別な面から確認しておくことが重要だと思える。

それぞれの天皇は、大元帥、あるいは国家元首、主権者といった像を持っているわけだが、父親としてはどのような顔を見せていたのか、そのことを考えてみようと思うのである。かつて私は、近現代の天皇家の家族史を書きたいと思い、『崩御と即位』という書を著した（新潮文庫、平成24年）。

その中でも触れたのだが、崩御と即位という流れにおける天皇の交代ということには、庶政一新、人心一新という意味も含まれていると解することができる。私たちの国の歴史は一つの川の流れではなく、一本の竹のように節をつくりながら時間を刻んでいることに気づかされる。竹のように節をつくりながら歴史を編むという見方を基に、節と節がいかに強固に結びついているかを捉えていく必要があるだろう。

明治天皇は、その在位時に宮内省の幹部に「卿等は辞職さへすれば、責任を免れることが出来るが、朕には全く其の道がない」と漏らしたことがあるという（『明治大帝』、『キング』１９２７年11月号の付録）。それは生涯を天皇であろうとすることでもあるが、同時に心底では、その過酷さへの肉体的な辛さも感じていたことを窺わせる。この言葉には終身在位といった皇室典範への思いも仮託されているかにも映る。

崩御の瞬間、枕辺に佇む皇太子

明治天皇が病で倒れ、療養を続けている時に、皇太子（のちの大正天皇）も体調を崩して東宮御所でふせっていた。そのために明治天皇への見舞いは、当初皇太子妃（貞明皇后）や3人の皇孫殿下の役割でもあった。しかし宮内省の幹部たちは、明治天皇の病が進行するにつれて、皇太子の見舞いが必要であると圧力をかけている。明治45年7月20日以降、明治天皇の病状はより悪化していくのだが、皇太子は24日午前中に初めて参内し、そして父・明治天皇を見舞っている。

このころ明治天皇は眠っていることが多く、皇太子とは十分な会話ができなかったと言われている。しかしこの見舞いは、宮内省幹部たちの演出という部分もあった。というのは、皇太子もふせったままで、明治天皇が崩御されることになったら、皇位の継承に緩みが出てしまう。国民の間にも、不安が広まるであろうから、見舞いの機会をと望んだのである。皇太子もまた父の病室を訪ねたかった。

皇太子が明治天皇を見舞った記事は、当時の各紙に報じられているが、たとえば『東京朝日新聞』には「御服装はカーキ色陸軍中将の御軍服にて一条侍従長御陪乗、高辻侍従、大内武官、土屋侍従」を従えて病室を見舞ったという。この報道によると、皇太子は病室ではすでに会話ができない状態の天皇に会っている。報道の中には「親しくご尊顔を拝し奉り暫時ご様子を拝したる後に」とある。

その上で、別室で昭憲皇太后から、父の病の経過を聞いている。同時に自らの病についても報告している。こうした報道を丹念に分析していくと、皇太子も体調は思わしくなかったと推測される。

明治天皇は7月30日に崩御しているが、その間、皇太子はほとんど連日見舞いに駆けつけている。すでに天皇の意識はなく、死そのものが目前に迫っている。この日の午前零時43分に心臓麻痺で亡くなった。侍医たちは二昼夜にわたり、病床を離れなかったというのだが、その容体は1時間ごとに皇太子と皇太子妃に報告されている。二人は一睡もしていない。崩御の瞬間にも枕辺に佇んで見守っている。そしてすぐに践祚の儀式を行わなければならなかった。

このような崩御と即位の形は、確かに皇太子や皇太子妃に複雑な感情をもたらしたと言っていいであろう。明治天皇と皇太子は、ある時期からそれまでの屈折をふくんだ関係から一変して、きわめて良好な関係になったと評されている。晩年の2年ほどは、皇太子は週に1度は参内し、天皇と諸事万端に関わる会話を交わす習慣をつくり上げたというのであった。最後は、「父と子の感情を優先させた」ということになるであろう。その自然体の姿が、明治天皇と大正天皇の本来の姿であるとも解釈できる。

確かに明治天皇は、人間的な魅力を持っていて、側近には率直な心情を漏らすこともあった。しかし最終的には、皇太子に心情を通わせて、日々の安らぎを得ていったようである。

海軍中将の松村龍雄が上奏のために御前に出たときのことである。明治天皇のそばに皇太子がいて、二人は会話を続けている。その様子を見て、松村は気がつく。「さうだ、今日は、皇太子殿下一週一度の御参内日、御親子の御間柄にとつて、最も御楽しい日である」と書くのだが、二人は父と子の会話を楽しんでいたというのである。

大正天皇の闘病中、皇太子が摂政宮に

代替わりにあたって、幾つかの視点を整理しておかなければと私は指摘し、本章冒頭に五つの項目を挙げた。そこで天皇と皇太子を親子という関係で見つめて、論点を整理すべきであるとの私の考えを述べた。この説明をさらに続けることになるのだが、明治天皇、大正天皇、そして昭和天皇が父として、あるいは子としてどのような感情を持ったかを知

ることは、近現代の天皇論を語る時の重要な要素になると私には思えるのである。そのことは、平成の天皇が新しいタイプの天皇として位置づけられることにつながるかもしれない。これまでとは異なった天皇像を理解するためにも、歴史的な天皇像を視野に入れて論じる必要性が生まれてくるのである。

大正天皇が漢詩の詩作を始めたのは、10代の半ばからという。30代の半ばに病で倒れてからは療養に専念して、詩作もやめている。ほぼ20年ほどの間に、１３６７首を作ったという。序章でも述べたように、漢詩の専門家の間では、もしこの方が天皇でなければ、近代日本の最も優れた詩人になったであろうと評価されているとも聞く。「その詩品も自ら王者の風格が高く、質量共に歴代天皇中その比を見ぬ詩人と申して過言ではない」（安岡正篤《まさひろ》の評）と言われている。

大正6年に詩作をやめて療養に入るのだが、その頃には政務が多忙であるにもかかわらず、とにかくよく漢詩の作成に勤しんでいる。大正6年に詠まれた漢詩はいずれも人間の機微を深く歌っていると思うが、既述した「鸚鵡」という詩は特に、大正天皇の気持ちを語っているように思う。次のような漢詩である。

可憐應舞弄奇音　飼養離籠歳月深　聞說南方花木美　幽棲當日在清陰

解釈は、「鸚鵡が頻《しき》りに奇妙な声を発している。籠の中に飼われてからもう幾年にもなる。この鳥の故郷の南方には熱帯特有の美麗な花木が有るそうだが、昔はその陰に静かに棲息《せいそく》していたのであろう、見たところそういう土地にふさわしい鳥である」（『大正天皇御製詩集謹解』からの引用。旧かな遣いは新かな遣いに改めた）となるのだが、確かに大正天皇のこまやかな心遣いが浮かび上がってくる。大正3年になるのだが、「歳朝示皇子」という詩も作っている。次のような内容である。

改暦方逢萬物新　戒兒宜作日新人　經來辛苦心如鐵　看取梅花雪後春

これは、新しい年を迎え諸皇子に訓戒すべき内容を、漢詩に詠んだ作品とされている。人は年と共に新しくなるわけではない、湯王が毎朝顔を洗う盤に、日々新たにと書いて自らを戒めたごとくに、日に日に新たに進むことに努めなければならないと自戒せよ、というのである。「今や春に魁《さきが》けて梅の花が開いた、あの雪にも屈せず、心は鉄の如《ごと》く堅固なるを見よ」との意味を含んでいる。大正天皇としては、向上心を忘れるなと皇子たちに説諭していたことにもなる。

このような文学者としての才能は、天皇にとって必ずしも求められる条件ではない。大正天皇は御製（和歌）も、漢詩と共に数多く作っている。歌人の岡野弘彦によると、たとえば、「群雀ねぐらあらそふ竹林の　おくまであかく夕日さすなり」という一首を、「中世の宮廷の清涼で、透徹した描写の歌風」と称《たた》え、「近代の3人の天皇の中で、随一の力を持っていたのが大正天皇」と評している。

貞明皇后が果たした母の役割

大正天皇が体調を崩し、事実上政務を執れなくなる背景には、このような文学的な志向の強い性格があったからでもあるだろう。大正10年11月に大正天皇は病との闘いに入る一方で、皇太子（のちの昭和天皇）が摂政宮についている。いわば父の病を助けて、21歳の息子が家督を継ぐといった状態になったといってもいいであろう。これは近現代史の上では確かに例外的であった。ここでは「父と子の関係」が制度の上では少しいびつになっている。現在から見ても近現代史を理解するときに「父と子」が縦の関係ではなく、横の関係になった時代といった言い方もできる。その点で、父と子の視点で見ていくときには正確な分析が必要となるであろう。

『高松宮宣仁親王』の大正13年9月1日の項には、日光田母沢御用邸で天皇家の全員が揃って食事をしたことが記述されている。久しぶりに「親子団欒《だんらん》」の席だったのに、「父上がこの席にお顔を見せなかったのが残念でならなかった。（略）やはり病いは、回復の兆しをみせておられなかったのだ」と高松宮は書いている。

大正天皇は次第に記憶もすぐれなくなっていったのである。大正末期に皇統をいかに守っていくかについては、有力な元老や宮廷官僚が方向性を提示するようになっていた時期である。西園寺公望、牧野伸顕、そして珍田捨巳《すてみ》などであり、長州閥を軸に宮中にも影響力を持っていた山県有朋は大正11年に死亡しており、西園寺らの考え方が軸になる時代に入っていた。西園寺、牧野、珍田の3人は、いずれも外国語に堪能で、狭いナショナリズムに批判的であった。イギリス型の王室のあり方を目指すという点でも共通点があった。大正天皇はこうした方向に賛成か反対かは別にして、皇太子を託するとの思いがあったように見受けられる。

ただ大正天皇が実際上は天皇の政務に携わることができない以上、そうした判断は貞明皇后が頼りにされた節もあった。貞明皇后は西園寺、牧野らの路線に必ずしも賛成とは思えなかった。攘夷の考え方が強かったのである。

貞明皇后は、宮中の儀式に関心を持ち、いずれの儀式にも精神をこめるように皇太子と皇太子妃に注文をつけている。同時に貞明皇后は、宮中に皇太子妃との結婚をめぐる不穏な動きがあったとき（宮中某重大事件）、民間右翼や長州閥の人物に不信感を持ち、そのような人物の宮中入りに抵抗している。その点では天皇と同様の重い役割を果たしていたのである。皇太子にとって、「父と子」の代わりに「母と子」という関係性もあったことになる。その点も見ておく必要があるだろう。

昭和天皇から平成の天皇へ——戦争の記憶の継承

大正天皇から昭和天皇への代替わり

大正天皇が実質上、天皇としての政務を執れない状況はこの国の進路を担う勢力が誰なのか、その点が曖昧になることであった。大正天皇を支えたのは、西園寺公望や牧野伸顕、それに珍田捨巳などの西欧近代化を吸収している宮廷官僚であった。彼らが摂政宮の時代の皇太子を支えたのだが、彼らに共通しているのはいずれも老齢ということであった。大正15（1926）年10月のことだが、西園寺は摂政宮にそれとなく伝えている。

その内容は、わかりやすく言うならば「私は老衰の身になり、国の将来が心配でならない。私が亡くなったら元老はいなくなるので、内大臣に相談するのがよいでしょう。内大臣の意見をよく聞かれたほうがいいと思う」ということであった。内大臣とは、牧野のことである。牧野はこうした西園寺の意見を、実は貞明皇后に伝えている。摂政宮の後見人とも言うべき意識を持つ貞明皇后は、牧野の助言に耳を傾けている。つまり大正天皇から昭和天皇への代替わりはこうした人脈によって、円滑に進められるべき手が打たれていたのである。

この人脈は二つの方向性を持っていた。一つは宮中リベラル派の形成であり、西欧の最新知識を持ち、自由民権思想にさえ好意的なグループである。もう一つは貞明皇后に代表されるように天皇の神性に依拠し、「天皇イコール神」という神話へ帰依する者の存在である。一見矛盾しているように見えるのだが、宮中でこの二つの勢力がバランスを保つことで近代日本の天皇制が構築されていたのである。あえて私が、「父と子」という視点で代替わりを見ていくのは、このバランスがどう保たれたかを見るためでもある。

大正天皇が崩御する前（12月15日、崩御の10日前）、牧野は摂政宮に拝謁《はいえつ》し、父・大正天皇が崩御しても、その悲しみを態度に示してはいけない、天皇にすぐに即位しなければならないと諭している。それはまさに父親代わりの発言でもあった。その上で牧野は、即位の時の勅語について宮内省がまとめていることを伝えている。摂政宮はそういう演出のもとで動いていたのである。それは宮中リベラル派が貞明皇后を納得させつつ、代替わりを進めようとしていたことでもあった。

政務を執れず苛立つ昭和天皇

あえて付け加えておこう。昭和初年代のテロやクーデターなどで、西園寺や牧野が常に狙撃の対象にされたのは、軍に代表される天皇親政を目論《もくろ》む一派から「君側《くんそく》の奸《かん》」と見なされたためだった。軍はこのような「父と子」の関係を解体し、そして自分たちが「父」の役割を担おうとしていたのである。

25歳の皇太子は、摂政宮の時代から、天皇の時代に入った。すると大正末期からの年表を見ても分かる通り、天皇に即位した後に、急激に軍事が年表の前面に出てくるのである。昭和天皇は、大正天皇の崩御の4日後に宮中正殿で「朝見の儀」を行い、勅語を発表している。さらに西園寺を呼び、改めて「元老として朕を輔弼《ほひつ》せよ」と命じている。つまり老衰だから身を引きたいという元老に、そう言わずに私を輔弼してほしいと頼んだ形になった。昭和天皇の気持ちとしては、軍事と対抗することもあるだろうが、その時は私を助けてほしいと懇願したのである。

このように大正天皇から昭和天皇への代替わりにおいては、近代天皇制のさまざまな面が露呈していて、多くの問題点が現れており、同時にそこには知恵袋が必要であることがうかがえるのである。

では昭和天皇から平成の天皇への代替わりには、どういう光景が見えたのであろうか。その点を見てみることにしたい。特に「父と子」といった関係で見るとどうだろうか。むろん大正天皇から昭和天皇、昭和天皇から平成の天皇への代替わりの間には、64年近くの時間が流れている。時代の様相も大きく変わった。しかしそれでもなお、共通点もあれば、相違点もまた生まれている。

大正天皇は病で倒れたあと二度と天皇になることはなかった。つまり摂政宮としての昭和天皇は実際には天皇の政務を20歳のころから一貫して執っていたことになる。共通点というのは、昭和天皇もまた病で倒れ、実際には政務が執れなくなり、皇太子（後の平成の天皇）が政務代行の役を担うことになった点である。相違点は、その期間に摂政の話が出なかったことだ。本来なら事実上寝たきりの状態の昭和天皇が政務を執るのは無理であったが、皇太子は政務代行に終始している。そこに大正天皇の時の苦い思い出が、天皇をはじめとする宮中にあったと見てもよいであろう。

これは私の見方もふくむという前提での話になるが、既述したように、昭和天皇は病床にあって自らが政務を執れないことに苛立《いらだ》ち、侍従たちに「摂政をつけようとしているのではないだろうね」と探りを入れた質ではないだろうね」とか「摂政を置く会議を開くのではないだろうね」と探りを入れた質問を発しているのであった。そのことは皇太子や宮中の官僚たちに複雑な思いを与えたといってよいであろう。

これは昨年8月に、昭和天皇の侍従であった小林忍氏の残した日記ではっきりと裏づけられたのだが、病で倒れる状態になる直前（昭和62年4月7日）、侍従たちから多忙な日程を緩和されてはと言われたとき、心中に高じるものがあったのか、「長生きするとろくなことはない」と漏らしている。こういう昭和天皇の苛立ちに、皇太子は冷静に対応したということになるのではないだろうか。

戦争という時代への怒りと悔しさ

昭和天皇の病状について、昭和62年9月以降に顕著に見られたのは、メディアの過剰とも思えるほどの報道であった。大正天皇の時のように、牧野伸顕らのような演出者はおらず、むしろメディア全体が総演出者になったようであった。このことは民主主義下の天皇が、事実上一切の秘密を暴露される宿命を持つに至ったとも言い得る。誤解を恐れずに言うならば、国民にはプライバシーの保護が当然視されても、天皇にはそれがないという現実を示したと言うこともできた。この事実は、天皇制のあり方を根本から問うことになった。

「子」としての皇太子が、どのような思いであったかは十分に検証されるべきであろう。昭和天皇の病状報道が、あれほど克明に行われた根拠は奈辺にあるのだろうか。その点について、十分に検証が行われたわけではない。大方の論は、私たちの「知る権利」に、昭和天皇の病状が含まれるということであったのだろう。それは昭和天皇のプライバシーが存在しないということを逆説的に裏づけていることにもなる。従って、２０１６年８月に平成の天皇がビデオメッセージで国民に発したお言葉は、この点への異議申し立てと受けとめることも可能であった。

そういう不満も内在しているように私には思えたのである。

昭和天皇から平成の天皇への代替わりの折に、「父と子」という視点でさらに重要なことは、戦争という時代への怒り、ないし戦争という道を選んだが故の悔しさである。この点について、「父と子」は共通の思いを持ったといっていい。近現代日本の天皇のあり方はこの点で、これまでの代替わりとは異なっていたのである。

昭和天皇は、昭和63年４月25日の宮内記者会との会見で、皇后の体調のこと、生物学研究のことなどに触れ、やがてこの会見の２週間前に勇退した徳川義寛の思い出について尋ねられた時に、彼の思い出は多いと言って、「とくに終戦の時に録音盤をよく守ってくれたこと」への感謝を改めて口にしている。さらに戦争についての質問に対して、次のように答えた。

「なんと言っても、大戦のことが一番嫌な思い出であります。戦後、国民が相協力して、平和のために努めてくれたことを、嬉しく思っています。どうか今後とも、そのことを国民がよく忘れずに、平和を守ってくれることを期待しています」

このようなメッセージを国民に伝える時に、天皇は涙を見せていた。この8カ月後に、天皇は崩御している。これは自身の率直な気持ちを述べた最後の記者会見でもあった。こう考えてくると、これらのことは昭和天皇が国民に発した遺言と言ってもいいのではないか。それは皇太子への継承を念じる思いでもあった。私はこの点に大きな意味を見いだすべきだと思えてならない。

この会見の時に、昭和天皇は実はもう一点、重要な発言をしていた。これはあまり重視されていないのだが、歴史的には記録として刻み込まなければならないものだ。

戦時の規範は天皇にとって危険

記者会見で、ある記者が「昭和の初めから日本は戦争に向かって進んでしまったわけですが、その時々に陛下は、大変そのことにお心を痛められたと聞いておりますが、いま戦後四十数年を経て振り返りまして、日本が戦争に進んでしまった最大の原因は、何だったというふうにお考えでいらっしゃいましょうか」と尋ねたのである。この質問には重い意味があった。『昭和天皇独白録』が発表されたのは、月刊『文藝春秋』の平成2年12月号であった。ここで天皇は軍人たちの評価を口にしている。東條英機や米内光政などを好意的に見ていることが明らかになっている。しかしそれは、昭和21年3月時点の話である。以後、天皇は軍人の名を語ったことはない。前述の宮内記者会の質問は、まだ独白録の存在が明らかではなかったとはいえ、天皇が戦後ほとんど軍人の名を口にしないことに奇妙な感を持った記者の問いであるのだろう。

天皇の答えは次のようなものであった。

「そのことは、思想の、人物の批判とかそういうものが加わりますから、いまここで述べることは避けたいと思います」

この意味は、さまざまな解釈が可能であるにせよ、尽きる点は一点である。戦後になって、昭和天皇は多くの資料に目を通したり、証言に触れたのだが、そこで理解したのは意外なほど軍人たちに欺《あざむ》かれていたという事実の確認であった。このことはある学者に具体的に語っているのだが、その談話録は公開されていない。

昭和天皇の戦争に関する心理的な苦悩は、皇太子（平成の天皇）に語り継ぐ歴史上の教訓であったと言っていいのではないか、というのが私の見方である。この継承は単に戦争が皇統を不安定にするだけでなく、戦争それ自体が抱え込んでいる戦時の規範（たとえば、平時では殺人が法の罰則を受けるが、戦時ではそれが奨励されるといった歪み）などは、天皇の側から見ても極めて危険であるという意味を持つことになる。

平成の天皇が、昭和天皇が語る歴史の教訓を、こうした危険な倫理道徳は天皇という制度の最大の敵であるとの申し送りと捉えたとしても不思議ではない。平成の天皇が昭和天皇の心中を正確に理解していたことは、改めて史実として明確に押さえておくべきだと私には思える。これが「父」から「子」への継承すべき第一義の遺訓であったということになる。そして平成の天皇は、この遺訓を引き継ぐとともにさらに独自に発展させたのである。それを明確な言葉で語ったのが、平成30年12月の誕生日の記者会見であり、自らの御代の平成という時代には戦争が全くなかったことに安堵している、という言葉に集約されている。

このおことばはむろん天皇の正直なお気持ちであることに加え、先帝への思いやりやその遺訓を守ったという報告の意味さえ含まれていると、私は考えている。父と子という関係の中に、多くの歴史上の関係が含まれているということを認識すると、私たちは多様な側面から天皇のあり方を捉えるべきだとわかってくるのである。

第3章 令和元年の天皇論

手を振りながら赤坂御所を出て、即位祝賀行事のため皇居へ向かう天皇、皇后両陛下

新元号「令和」の幕開けに

天皇と元号の関係性

新しい元号が「令和」と決まった。出典は『万葉集』だという。日本の古書からの採用は初めてである。それだけにこの令和にはさまざまな見方がなされる。私のもとにも、令和は語義・語感からして強圧的ではないかとか、昭和前期なら令という字は、召集令状という語を思い出させると伝えてきた90代の男性もいる。かと思うと、令嬢とか令夫人という具合に、いいイメージにつながるとの声もあった。むろん国民の間では各様の議論があっていいわけだが、天皇にとっては、この元号がご自身の存在や考えと相まって語り伝えられることになるわけだから、重要な意味を持つことになるのであろう。

令和は、『万葉集』の梅花《うめのはな》を詠んだ32首の序文である「初春令月　気淑風和　梅披鏡前之粉　蘭薫珮後之香」から採ったというのである。この出典は、天平2（730）年正月に大宰府の大伴旅人《おおとものたびと》宅で開かれた歌会での、「『令月』(めでたい月)の柔らかな風や花の香りを鏡台のおしろいや、腰に付ける匂い袋にたとえている」(『毎日新聞』4月2日付朝刊)歌だという。和歌としては、和やかな心を弾ませて楽しむ時代の姿を歌っていることになるようだ。

国書を典拠とし、その中のこの歌からの出典、それについては論じても、これは政府の決定によるものであり、説明を聞かなければ現代と関わる意味合いはわからない。しかし元号である以上、歴史的、時代的、そして天皇との関わりにおいて論じなければならない点は多いとも言えるのである。

国家主義に対峙する国民主義

私の見方は、すでにその一部はメディアでも明らかにしているが、この典拠をプラスとマイナスの両面から見ている。どういう意味か。まずプラスとしては、国書といっても『古事記』や『日本書紀』ではなく、『万葉集』であるところに、ある知性を感じる。もし『古事記』や『日本書紀』ならば、明らかに神話から始まる日本の歴史を肯定したように受け止められる。いわば皇国史観の肯定と捉えられ得る。国書にこだわった安倍首相にはその思惑があったのかもしれないが、さすがにそれに歯止めをかける歴史観の持ち主が元号決定に関わっていたようにも思う。皇国史観の疑いを持たれる元号を、次の天皇に託するのは、あまりにも明らかな天皇の政治利用である。

もし『古事記』や『日本書紀』から採っていたとすれば、国際的にも太平洋戦争前の日本の印象を不必要に持たれることになり、天皇自身にもマイナスの前提を与えることになるであろう。私は国書から採ることになるにせよ、『古事記』『日本書紀』からは遠慮すべきだと考えていた。それだけにひとまずは納得した。次の天皇に余計な負担をかけないという、元号決定に当たる者の常識が守られたといってもよかった。

このことをもう少し詳しく見ていくと、『古事記』や『日本書紀』はどうあれ国家主義的色彩が濃いのに対し、『万葉集』は天皇から農民まで幅広く折々の日本人の歌を集めているので、いわば国民的な広がりを持っている。国民歌集といった趣さえもある。その意味でいうならば、国家主義に対峙する国民主義ともいうべき意味合いがある。この点では、天皇のあり方を国民が見つめる時代にあっては、きわめてふさわしいと言えるのではないかと思う。あえてこのことをプラスとして挙げておきたい。

安倍首相が記者会見で述べた中に、次のような一節があった。

「元号は、皇室の長い伝統と、国家の安泰と、国民の幸福への深い願いとともに、１４００年近くにわたるわが国の歴史を紡いできました。日本人の心情に溶け込み、日本国民の精神的な一体感を支えるものとなっています」

この一節をどう解釈するかが、私は重要な意味を持っていると思う。

この発言は「元号は」が主語であり、天皇ではない。１４００年とはその期間を指していることになるわけだが、たとえば神代の神武天皇などは含まれていない。神武天皇から始まる神話の部分を認めていない。皇紀２６００年などという皇国史観とは一線を画している。あえて言えば、『古事記』や『日本書紀』からは選ばなかった理由が説明されていると言ってもいいのであろう。

今回の元号の決定は、安倍首相が皇国史観を否定してみせたということになるであろう。そのことは元号を決めるという重要な場面で、しかも天皇と皇太子を前にしての意思表示ということであるなら、政治権力はそこまで横暴に振る舞うことができなかったということになるのではないか。政治権力が怯《おび》えを持つというのが現実に示されたと考えられるかもしれない。

今回の元号の決定に当たって、マイナス面もあるのではないか、と私は考えてもいる。

それは総理大臣が前面に出て説明するのがいいのかという疑問である。近代日本の代替わりにあっては、崩御、即位という流れがあるために、総理大臣は表に出ることはなかった。従って今回のような、生前譲位という形では総理大臣が前面に出るか否かは総理大臣の判断による。その判断は国民から見れば、次の二つの要件と絡みあうのであり、その点からの批判は甘んじて受けるべきだと思う。

二つの要件を箇条書きにしよう。

（1）政治的に天皇を利用することにならないか。（時期の問題）

（2）国民に向けての説明が歴史的内容なのか。（元号決定の本意）

この二つに抵触しなければ、あるいは国民に納得できる内容であれば、前面に出てくる意味はあるし、国民の共感も呼ぶと言えるであろう。その点検もやはり重要ではないかと、私には思えるのだ。

安倍首相の元号説明の問題点

そこで点検してみたいのだが、（1）について言うのであれば、論者によって見解が分かれるだろうが、私は総理大臣の説明は必要ではなかったと思う。官房長官で十分に役を果たせたと思う。政治的には4月の統一地方選挙や7月の参議院選挙などが相次ぎ、総理大臣の発言は慎重さを必要としている。その折に、5月1日に皇太子の即位があり、と述べた上で、「この新しい元号が用いられることとなりますが、国民各位のご理解とご協力を賜りますよう、お願いいたします」とも述べている。

このような言辞の中には、政治的利用の意思が垣間見えるといってもいいであろう。首相談話を子細に検討してみれば、きわめて微妙な言い方に気づかされる。

（2）の、新元号決定の経緯についての説明は有り体に言って具体性に欠け、天皇のこれまでの代替わりについての歴史的説明は全くなかった。この点はあまりにも淡泊だった。あまりに文学的な言い回しで「令和決定」を説明しているのである。以下に引用しておこう。

「悠久の歴史と薫り高き文化、四季折々の美しい自然、こうした日本の国柄をしっかりと次の時代へと引き継いでいく。厳しい寒さの後に春の訪れを告げ、見事に咲き誇る梅の花のように、一人一人の日本人が、明日への希望とともに、それぞれの花を大きく咲かせることができる。そうした日本でありたい、との願いを込め、『令和』に決定いたしました」

この説明は麗句が並びすぎていて、言わんとする意味が不透明である。これでは「令和」が単なる形容句でしかないと言っているのに等しい。別に総理大臣の言葉でなくてもいいのではないか、と思える。

元号の説明には、少なくとも次の5点が考慮されていなければならないはずだ。

（1）この元号は過去の元号と比べてどのような点に独自性があるのか。
（2）国民とともにいかなる天皇像を期待するのか。
（3）生前譲位の意味をどのように理解し、元号決定に生かしたのか。
（4）平成の天皇への謝意とその元号への歴史的意味を伝える。
（5）天皇の代替わりに政治がなすべきことは何か。

さしあたりこのような点が、直接触れられてはいなくても、うかがえるような談話になっていなければとの思いがする。私は総理大臣の談話からはこの点を感じることはできなかった。それを惜しいと思う。もうこの五つのうちのいずれかに触れていたら、新元号の意味がふくらみを持つのではなかったかと思えてならない。

近代日本の天皇の元号は究極的には天皇個人のイメージと重なり合う。明治天皇のイメージは個人の性格や人間性などが全て「明治」という言葉で表現されてしまう。その人間的な懊悩《おうのう》や思慮深さも全て、元号に収斂《しゅうれん》してしまう。それが天皇と元号の関係であり、それは不可分な関係といってもよい。前にも触れたように、明治天皇、大正天皇、昭和天皇はそれぞれ、元号に集約されるイメージと生身の存在との間に乖離があり、個人の苦悩が明かされることはほとんどなかったのである。

国際社会での新天皇の役割

こうした事実を確認していくと、天皇はまさに個としての存在が許されぬ状態に置かれてきたと言っていいであろう。むろん天皇には一定の制限（たとえば政治的言動には内閣の助言と承認を得るという法的な規制など）があるのはやむを得ないにしても、それをできるだけ少なくするように考えるべき時期ではないだろうか。２０１６年の平成の天皇のビデオメッセージは、そのもっとも基本的な要求を訴えたのではなかっただろうか。

このビデオメッセージについては、これまでも私は各様の視点で論じてきたが、改めて元号の決定と絡ませて語るならば、元号で天皇を見るだけでなく、それぞれの天皇がいかに歴史の中で皇統を守り続けてきたかについて、より具体的に確認していく必要があると思う。この点がないがしろにされると、天皇を意思を持たない存在として理解することにつながる。

昭和天皇は戦争にきわめて慎重だった。それなのに軍部は天皇に対して、あなたが皇統を守るためには戦争という手段しかない、と詰め寄っている。結局、軍部は昭和天皇に偽りの報告をする、真実は知らせない。自らに都合のいい形での利用を続けたのである。そして戦後は、自分たちは天皇に背いたことはしていないと、巧みに逃げ口上の言い分を繰り返した。昭和天皇の戦争責任を問うにしても、こうした事実を正確に分析しないと、本質は明らかにできない。昭和天皇という語に戦争のイメージを安易にかぶせるだけの歴史理解には、無理が生じてくるのではないかと思う。

それぞれの天皇は、元号の意味を自らの目標に据えながら、努力を続けた。昭和天皇も、万邦平和を願って元号の意味を求めたように思う。

そう考えると今回の元号に、国際社会に向けた柔らかな目線、そして世界が和を尊ぶ方向に日本が積極的な役割を果たすという目標が据えられるのであれば、皇太子と皇太子妃の役割もかなり大きいということになるだろう。日本が話し合いを軸にして国際社会の「令和」を目指すには、平成の天皇が作り出した象徴天皇と人間天皇の有りようが、その道を指し示しているように私には思えるのである。

「即位の誓い」は継承されるのか

天皇は即位時にどんな「おことば」を発したか

天皇の代替わりに向けて時日が流れていく。すでに記したように今回の代替わりは、崩御、即位といった形ではないために、近現代日本の天皇制のあり方や天皇と国民の結びつきについて真正面から考えることが可能である。本書もそのような趣旨で書き進めているわけだが、今回はそれぞれの天皇は即位時にどのような「勅語」や「おことば」を発しているか、そのことを検証しておきたい。

むろん勅語やおことばは歴代の天皇がご自身で作成されるわけではない。宮内官僚がまとめるのだろうが、しかし平成の天皇はご自身で書かれたと言われてきた。確かに昭和天皇までの即位後の勅語は文語体であり、そこにある種の権威を持たせようとしてきたことがうかがえる。平成の天皇は、そのような形を大きく変えて、口語体で国民の誰もがすぐにわかるような言葉で発表した。

平成元年1月9日の即位後朝見の儀の折の「おことば」が最初であったが、そこには次のような内容が盛られていた。引用しておこう。

平成の天皇は、まず「大行天皇（保阪注：昭和天皇のこと）の崩御は、誠に哀痛の極みでありますが、日本国憲法及び皇室典範の定めるところにより、ここに、皇位を継承しました。深い悲しみのうちにあって、身に負った大任を思い、心自ら粛然たるを覚えます」と述べたあと、昭和天皇の事績に思いを寄せて、「今日、我が国は国民生活の安定と繁栄を実現し、平和国家として国際社会に名誉ある地位を占めるに至りました」との理解を示した。その上で、平成という時代をどのように担っていくかを明かしていく。

ここには明確な流れがあり、論理的にも、歴史的にもひとつの空間が完成されているように思われる。長くなるが、以下にさらに引用しておきたい。

天皇は雲の上の存在ではないとの自覚

「ここに、皇位を継承するに当たり、大行天皇の御遺徳に深く思いをいたし、いかなるときも国民とともにあることを念願された御心を心としつつ、皆さんとともに日本国憲法を守り、これに従って責務を果たすことを誓い、国運の一層の進展と世界の平和、人類福祉の増進を切に希望してやみません」

この一連のお言葉が、さまざまな意味で歴史的であるように思うゆえんは、昭和天皇の意思を正確に見据えて、その上でご自身にはどのような役割が与えられているかを国民に伝えている点にある。そこが歴史的ということであるのだが、これほどわかりやすく訴えられていることには、天皇という存在がかつてのように雲の上の存在である時代ではないという強い自覚が込められているように私には思える。

特に昭和天皇の意思は、「平和国家として国際社会に名誉ある地位を占める」にあり、それが成就されたという点にポイントが置かれている。そして、「皆さんとともに日本国憲法を守り、これに従って責務を果たすことを誓い」と言っている。ここにはきわめて重要な理解があり、考えようによればこの点が、平成の天皇ご自身の訴えのポイントになっているように思える。

再説となるが、この部分は「皆さんとともに日本国憲法に従って責務を果たすことを誓い」でいいようにも思えるのに、あえて「を守り、これ」の6文字が加えられることで、その内容が全体に主体的、能動的になっていることに注目する必要があると私は思う。平成の天皇のおことばは、全体に国民の誰もに平易に呼びかけたといっていいのではないか。

昭和天皇の「御践祚後朝見の御儀に於て下されし勅語」は昭和元年12月28日に出されている。漢文体であり、長さも820字近くあり、全体に仰々しい印象があふれるように配慮されて書かれている。

その冒頭は以下のようになる。

「朕皇祖皇宗の威霊に頼り、萬世一系の皇位を継承し、帝国統治の大権を総攬し、以て践祚の式を行へり。舊章に率由し、先徳を聿修し、祖宗の遺緒を墜す無からんことを庶幾ふ」(引用は『みことのり』雅舎編、引用にあたってはカタカナを平仮名に直している)

この出だしに続いて、皇位を間断なく持続することが重要であり、自らに課せられた役割は、「国本に不抜に培ひ、民族を無疆に蕃くし、以て維新の宏謨を顕揚せんことをつとむへし」と言い、そしてその末尾で国民に呼びかけている。というより、命じているというほうが正しいのかもしれない。その部分も引用しておく。

「有司其れ克く朕か意を体し、皇祖考および皇考にいたせし所を以て、朕か躬を匡弼し、朕か事を奨順し、億兆臣民と倶に、天壌無窮の宝祚を扶翼せよ」

私の言わんとするところを汲み取り、そして私と共に努力せよというわけである。平成の天皇とは全く異なる表現である。天皇の権威はこうした漢文体で、しかも庶民にはなかなか理解できない表現を用いることにより、国民が臣民としての自覚を持つように演出されたといっていいであろう。

時代から歴史への姿勢

この元年には、昭和天皇はこの勅語を含め五つの勅語を発表している。いずれも12月28日になるのだが、閑院宮載仁《ことひと》親王、西園寺公望、内閣総理大臣の若槻礼次郎、そして「陸海軍人に下されし勅語」であった。いずれも、先帝が助けられたことに感謝し、私にも同じような助力をという意味が込められていた。

まだ25歳の昭和天皇は、それまでに5年間ほど摂政の地位にあった。その時に私への助力を惜しまなかった人たちへの感謝の念を忘れていないとの言い方ともいえた。

摂政に就任した時にも「令旨《りょうじ》」を発表している。大正10年11月26日である。令旨というのは皇太子の発する命令書であり、天皇の場合は、「勅令」というのが正しい。

この「令旨」の冒頭は、「皇上の御不例久きに亙らせらるるは、予の国民と共に憂懼措かさる所なり。今や大政を親らしたまふこと能はさるに因り、予は成典に遵ひて摂政となれり。是れ実に已むを得さるに出つ」とある。天皇とは異なり、わかりやすい表現で摂政に就任したことを国民に伝えている。

大正天皇に与えられていた歴史的役割とその覚悟（先皇維新の鴻謨と皇上紹述の宏規とを遵奉して、励精治を求め、外は国交を敦くし、内は国民の福祉を増進せむことを期し、以て、皇上御平癒の日を待つへきのみ）を共有することを訴えている。

昭和天皇にとって、摂政就任時と天皇の即位時には、それぞれ異なった感覚が求められていたことがわかる。この二つの体験によって、昭和天皇には重さを伴っての自覚が生まれたように思えてくる。天皇に即位した時の昭和天皇は、当時の日本の政治、軍事指導者たちとどのように向き合うかが重大な問題であった。二つの勅語はその難しさを語っているように感じられるのである。

昭和天皇にしても、平成の天皇にしても、即位の時には天皇という立場がどのような役割を持つかを明確にしている。一言で言えば、昭和天皇は歴史から時代への姿勢を示す。これに反して、平成の天皇は時代から歴史への姿勢を明確にしている。その違いは奈辺にあるかについては、それぞれの時代の要請であったという言い方もできるであろう。

私は、それは天皇という制度において、平成の天皇が、国民との間にいかなる回路をつくるのかを常に時代の中で思慮していたことが大きく作用しているように思えてくる。

大正天皇は即位時にどのような勅語を発したか。大正天皇が即位してから初めて、勅語を発したのは大正元年7月31日である。

その前日に「大正改元の詔書」を発しているにせよ、具体的に天皇としての役割に触れて、踏み込んだ内容になっているのは、「御践祚後朝見の御儀に於て下されし勅語」である。この全文は字数にすれば約300字になるのだが、これは昭和天皇よりもはるかに少ない。

この勅語はやはり冒頭で、先帝の大喪に遭い、哀痛極まりないと述べている。その上で先帝により、国威が発揚され、「其の盛徳鴻業萬民具に仰き、列邦共に視る」とたたえている。そして朕は、「憲法の条章に由り、之か行使をあやまること無く、以て先帝の遺業を失墜せさらむことを期す」と臣民に伝えて、朕に仕えることを「奨順」してほしいと命じている。こうした内容は、杓子定規のような定例の文言が用いられている。

新しいナショナリズムが誕生する素地

しかし眼光紙背に徹して読むならば、表現自体の中に柔らかみがあることにも気がつく。宮中官僚には、明治天皇とは異なったタイプの天皇であることを伝えようとした意図もあるかに見える。

やはりこの日に大正天皇は、陸海軍人に与える勅語を伝えている。国民に向けての勅語とほぼ同数の文字数、厳密に見ると少々長めである。この軍人への勅語を吟味すると、これからもますます奉公の志を高くするようにと、次のように命じている。

「思索の選を慎み、宇内の大勢に鑑み、時勢の進運に伴ひ、桔据励精、各其本分を竭くし、朕か股肱たるの実を挙げ、以て皇ぼくを扶翼せむことを期せよ」

この中で注目されるのは、「思索の選」といった表現で、余計なことは考えなくてもいいと言っていることだ。ともすれば思索に流れて、軍務がおろそかになるような事態も見受けられるが、そのようなことがあってはならないと指摘しているのである。

この勅語の下案を考えた宮中官僚は、あえて軍務に距離を置こうとする大正天皇自身をそれとなく諫《いさ》めているかのようでもある。あるいは国民向けの勅語より、軍人に与える勅語のほうが字数が多いということは、軍事の側が圧力をかけたのかもしれない。

一方で山県有朋ほかの元老や総理大臣の西園寺公望には、特別に勅語を送り、先帝の遺業を継ぎ、今後の輔翼《ほよく》の任を果たしてほしいとの内容を述べている。こう見てくると、大正天皇、昭和天皇、そして平成の天皇とそれぞれの即位時の勅語やおことばは共通点と相違点があることがわかる。

重要なことは平成の天皇になって大きくその形式、内容、そして意味するところが変わったことである。これは何を意味しているのだろうか。さしあたり次の点が重要である。

（1）これからの天皇のあり方は民主主義体制になる。かつての大日本帝国型のもとでは、天皇の存在が日常の規範から逸脱する恐れがある。

（2）しかし天皇の持つナショナリズム自体が、これからの時代には問われていき、新しいナショナリズムが誕生する素地ができている。

この二点がこれからは問われていくだろう。そのためには天皇の意思がどれほど加わっていたかは不明であるにせよ、大正天皇や昭和天皇の即位時の勅語を検証しておかなければならない。

平成から令和へと移行していく時に、天皇と皇太子の間にどのような形での即位のおことばの回路が出来上がるのか、今私たちは歴史の中で静かに見守りつつ、令和を迎えたいと思うのである。

天皇と上皇——「権威」の行方

天皇の存在は多様化する

令和元年がまもなく始まる。新しい天皇と皇后が国民との間にどのような関係をつくるのか。国民の天皇への目が、平成という時代とはいかに異なった光景を映し出すのか。これまでとは違うどんな空気が社会の中に醸成されていくのか。

これは予想ということになるのだが、上皇、上皇后と天皇、皇后、そして皇嗣《こうし》の秋篠宮、皇嗣妃の紀子妃と3代の姿が社会的には日々報じられることになる。このようなケースはむろんこれまでにはないことであった。したがって国民の間にどのような心理状態が生まれていくか、予想がむずかしい。ただ言えることは、世代によって受け止める天皇像が異なってくるように思われる。この場合の異なるということの意味は、「天皇」という抽象的な言葉に、それぞれが自らのイメージをかぶせていくことが可能になるとの意味もある。

かつてのようにイメージが統一されるのではなく、世代、地域、職業、さらには男女などによって、それぞれに自由なイメージが生まれてくるであろう。この違いが、天皇の存在を多様化することになるように思う。同時にそれは国家が天皇を画一化した存在にしていくことと相反する道筋でもあり、天皇を利用する形での政治体制は不可能だということを裏づけるとも言えるのである。

言うまでもなく上皇ご夫妻、天皇ご夫妻、皇嗣ご夫妻の三つの「天皇像」は、過去、現在、未来を象徴しているかのようにも見える。歴史の流れが、現在が向かうベクトルの中に、きちんと収まっているかのようにも見える。

天皇像の分立がもたらす影響

近代の天皇は、その支配を何らかのスタイルでつくり上げた。例えば明治天皇は、晩年になると言葉を発するよりは沈黙で、その権威を示すことがあった。存在が次第に大きくなり、言葉を発するよりはじっと見つめることで、上奏に来る者は震え上がった。皇孫殿下として昭和天皇、秩父宮、高松宮の3人は、明治40年代にはほぼ定期的に明治天皇のもとに、お伺いする習わしがあった。ただしそれぞれの誕生日には一人で、明治天皇の前に出たのである。

皇孫殿下の面会日が決まると、彼らの周辺の者が緊張した。侍従や女官、それに教育掛は皇孫に口上を伝え、態度、身のこなしまでも丁寧に教えた。明治天皇は皇孫が挨拶して、口上を述べる間も笑顔がなく、じっと皇孫を見つめるだけだった。その緊張ぶりについては、3人とも長じてから側近たちに証言している。明治天皇の沈黙は内奏する者への最大の武器だったのである。

大正天皇は、結局は病により、天皇としての道を途中で去ることになった。つまり当時の悲劇の天皇と評された。もし病がなく、しかるべく軍事などもこなす天皇であったならば、名君主と褒めたたえられたであろう。大正天皇は「病」と闘う君主だったということになるであろう。

では昭和天皇は、何をもってその姿が語りつがれるであろうか。私の見るところそれは「時間」である。時間を支配したのが昭和天皇で、すでに、この時間の支配によって大日本帝国の領土などの時間を自身の声で統一していったのである。

こう見てくると3人の並ぶ光景は、それぞれの時代が凝縮していることになるが、より立体的に見るためには、さらに「歴史」を参照することが求められるように思う。

今後、上皇、上皇后の存在とその在位期間になじんできた世代は、しばらくの間、歴史の過去の部分に目がいくかもしれない。問題はそれがどのように現在という時間に落ち着いてくるかであろう。天皇像が二元化する、あるいは分立化することは、社会にどのような影響を及ぼすのだろうか。

そのような設問に一つの参考になる歴史上の空間だが、それは大正10年11月からの摂政の時代を見ておくといいかもしれない。この摂政の期間は大正15年12月の大正天皇の崩御まで続いている。この5年間の日本社会は、「天皇はいるけれど、天皇はいない」といった空間であった。今後、その時の日本社会と同じ光景を描くとは思えないが、しかし参考にはなるだろう。

皇太子（のちの昭和天皇）として摂政についた時の「令旨」（正確には「摂政就任の令旨」）には、皇上《こうじょう》の体調が優れないために自分が摂政についたと述べた後に、次のようにある。

「方今国事多端の際、予の弱齢寡徳を以て、此の重任にあたる。夙夜兢々として負荷に任へさらむことを恐る」

とにかく先帝の教えにしたがって、政務を執るが、どうか私の意を理解して、「国運の永昌を図らむことを望む」とへり下っての令旨であった。摂政というのは極めて曖昧な位置づけであり、どのような立場で政務をこなすのかはよくわからない。しかしこの摂政の期間は、実は天皇の主体性がどの立場ならば認められるのかが曖昧であった。皇太子は、天皇と同じ立場に立って政務を執っていいという立場と、摂政なのだから摂政と限定された範囲での政務しか執れないという考え方、さらに摂政とはいえ、皇太子という範囲でしか政務は執れないとの判断もあった。

この時は、皇太子という立場での枠内での政務のようであった。

「天皇がいるのに、天皇はいない」社会

「天皇はいるけれどいない」といった二重構造の時代、この期間には多様な事件、事象が生起した。その全てが天皇の存在自体が曖昧であることに端を発しているとは言えないにしても、しかし全く関係がないとも考えられない。そのことに注目しつつこの時代を見るべきであろう。まずこの時代の事件、事象を踏まえた上で、どのような時代的特徴があるかを整理しておこう。

（1）陸海軍は全く兵を動かしていない。
（2）関東大震災があり、都市の崩壊があった。
（3）日本共産党が創立された。
（4）大正デモクラシーの流れが広がった。
（5）摂政宮狙撃事件があった。
（6）アメリカで排日の動きがあった。

さしあたりこういう時代潮流を生み出していることに気がつく。いずれも特に天皇の在・不在が根拠だとは断言できないが、しかし天皇への求心力が欠けていたことが一因であるのは事実であろう。加えて日本社会は軍部、官僚が支配する国家であったが、彼らは天皇を利用することで支配体制をつくっていたと言ってもいい。だから天皇がいないという形になると国民の動きが活発になると言えるのであろう。それは逆に言えば、日ごろ、軍官僚や政治家などに「天皇」の名が徹底して利用されていたことの証左であるのかもしれない。軍官僚や官僚、政治家は天皇の権威を何度でも利用することによって、近代日本をつくり上げたと理解しておくべきなのである。

「天皇がいるのにいない」という社会は、大正天皇の即位の終わりに垣間見えたわけだが、このような時代背景を理解した時に、私たちはどのような教訓を学ぶべきなのであろうか。この六つの流れが汲み取れる社会は摂政宮の時代だからとあえて結びつけられる理由としては、軍が一兵も動かなかったこと、そして大正デモクラシーの影響で反軍的、自由主義的な空気が醸し出されたこと、などがすぐに挙げられるであろう。

これは昭和10年代に侍従だった人物からの直話なのだが、昭和天皇が摂政時代の思い出を漏らした時に、狙撃事件と関東大震災を気にしていたというのである。関東大震災は、例えば昭和天皇から見れば、摂政という時代への怒りという具合に考えたのかもしれない。

孝明天皇は、在位21年間に6回も元号を変えている。時代の中での天災などにより、その元号が不快と思うようになれば、ためらうことなく変えているのである。そのような折の勅語を見ると、民意を失うことへの不安や危惧が根底にあることがわかる。こういう例を見ると、摂政の時代は、近現代でなければ、元号を変えることもあり得たのかもしれない。

神格化すると政治的な無理が生じる

大正時代の最後の5年間は、天皇の姿が二重性を持っていたと考えれば、社会が多様性を持つことも理解できる。だが、天皇への国民の素朴な求心力を利用し、軍事や政治が前面に出て天皇という制度をもって押さえつけると、そこに社会的な歪《ゆが》みが生まれてくる。実際に、ロシア革命による影響で共産党の設立がこの期にはあったわけだが、それを取り締まる治安警察法（のちの治安維持法）は、その内容や運用で次第にその歪みを生んだとも指摘できると思う。

こうしたことは、天皇という制度が、この国の伝統として国民と融合、ないし統合の象徴として存在すべきであることを物語っている。天皇を軍事組織内部の大元帥、そして神格化された存在という枠内に押し込もうとすると、政治的に無理が生じるように思う。大正時代の、天皇が存在するけれど存在しないという形は、改めて私は示唆することが多いように思う。

軍事が見えなくなる代わりに、共産主義という新たな暴力革命が姿を現す。その双方が歪みを伴っていたのであり、それを克服する国民の英知が試されたと言っていい。その英知とは、天皇という制度を冷静に見つめる目ということでもあった。

こういう視点で、天皇の存在が分立する状態を確かめていくと、歴史上ではいくつもの知恵によって時代がつくられてきたことがわかってくるのである。孝明天皇は近現代日本へと続くもっとも過酷な時代に在位していたわけだが、本来の攘夷の立場から言うなら納得しがたい史実に向き合った時に、ためらうことなく元号を変えていたように思う。改元の詔にもそのような表現がうかがえる。

このことは孝明天皇の中に求めるべき天皇像があり、それを守るべくなされた改元であったと言っていいのかもしれない。在位期間が長くなると万延、文久、元治などは、それこそ1年から3年余という短さである。それは考え方によるが、一人の天皇の中にいくつかの天皇像が存立しているということだったのかもしれない。それが知恵だったのであろう。今、そういう考え方が必要なのかもしれないと、私には思える。

天皇と国民の回路のために

天皇イメージと天皇自身の乖離

時代は令和となった。昭和、平成、そして令和と続くわけだが、どのような時代になるのかは、まだ予測がつかない。これまでのように崩御による改元ではないために、社会全体に落ち着きのある形での移行となった。

新天皇は現在59歳である。即位時の年齢としては歴代天皇と比べても高齢である。近現代史で見ると、孝明天皇と明治天皇はいずれも14歳であった。大正天皇は33歳であり、昭和天皇は25歳であった。摂政への就任時は20歳であったから、近代の4人の天皇はいずれも若いと言えた。少年、青年期での即位である。大正天皇は33歳であったが、年齢的に働き盛りであったとはいえ、明治天皇の陰に隠れた存在であった。このような年齢と目立たない存在であるということは、必然的に天皇を誰が動かし得るのかという問題を内包していた。

この4人の天皇に共通するのは、これまでも述べたように、明治天皇という元号が被せられた天皇イメージと、睦仁天皇という個人の性格や考え方との間に落差があるということであった。確かに明治天皇は日本を短期間に一等国に持っていったと評され、それ故に「大帝」とも語られてきた。崩御した時には、日本のメディアだけでなく、イギリスなどのメディアもその存在を「名君主」と讃えた。

しかし睦仁天皇は、少年期から青年期、そして壮年期と表面上の言動が変化している。少年期には怒りの感情などをよく表していたというのだが、次第に慎重で、寡黙な性格を示すようになったというのである。天皇の性格はどういうものが望ましいのか、自身で学んでいったように思われる。大正天皇にしても、元号が被せられた場合と嘉仁天皇との間には、開きがあった。

それは昭和天皇もまたとかく「軍事」と共に語られるが、裕仁天皇はそのようなイメージとは必ずしも一体ではない。むしろその個人的性格を見ていけば、非軍事を希求しているのに、そのような時代ではなかったという不運が感じられる。

元号「令和」と徳仁天皇の間の一体感

こういう落差、あるいは亀裂は、時代が天皇に何を求めたかという要因もあるだろうが、即位時の年齢も大いに関係を持つのではないかと、私には思われる。

その見方を踏まえるならば、平成の天皇は即位時には56歳である上に、時代も戦後社会の価値観、規範が固まっていて、天皇自身がその枠組みに納得しているが故に、平成の天皇と明仁天皇との間には亀裂がなかったように思われるのである。

このことは日本社会にとって、そして何よりも天皇自身にとっても良かったように受け止めることが可能であり、天皇像も明確になる。後世そのように語られるのではないだろうか。

令和の時代の天皇は即位時には59歳である。社会的には一つの仕事を終えた年齢である。そのことは大きな利点になるのではないだろうか。つまり平成の天皇と同じように元号に被せられたイメージと徳仁天皇の間に一体感が生み出されるであろう。そのことは取りも直さず〈歴史〉と〈時代〉の両面に配慮できるという意味になる。そのことについて考えてみる必要がある。

令和という時代はどのような時代になるのだろうか。それはむろん天皇の意思で決まるわけではない。しかし天皇の動きが何らかの意味を持って時代に影響を与えることはありえることだ。平成の天皇は戦争犠牲者の追悼と慰霊を繰り返し、平成という社会に戦争の後始末の重要性を教えた。災害の見舞いを繰り返すことで、被災者を慰める、痛みを負った人に対するとはどのようなことかを国民に教えたのである。

天皇がつくる時代というのはそういう意味である。率先して国民の前に姿を現すことで、そこに天皇と国民の回路をつくることが可能になった。これが大きな意味を持つのは、国民との間に意思の交流や相互の認識が確認されるからである。そのことによって、時代が天皇をつくり、天皇が時代をつくるという関係を確認できるようになったのである。

そういう関係をつくるのは、少年期、青年期のような年齢で即位した天皇では、十分にできることではない。若年で即位するというのは、先帝が短命であり、皇子、皇女も幼少時に亡くなり、長じる者が少なかったという理由であろう。加えて国策としては軍事主導体制の下で、天皇自身が少年期、そして幼年期であれば、そういう体制への予備知識を持たないために政治、軍事の指導者が自在に動かし得たとも言えるであろう。

この点が明治、大正の特徴であり、昭和初期の特徴であった。天皇はまだ幼いが故に自動的に全てを政治、軍事の指導者に一任して時代を生きてきたのであった。

天皇を大元帥とした近代日本の過ち

50代で即位した令和の天皇は、平成の天皇と同じように、発せられるおことばの中に、行幸などの折の言動に、ご自身のスタイルが投影されることになるだろう。私たちはそのことを注意深く見守る必要があるように思う。

高齢になってからの天皇への即位は、次のような特徴を有するように思う。箇条書きにしてみたい。

（1）天皇への安心感、安定感が国民の間に広がる。
（2）社会に成熟した空気が少しずつ醸成されていく。
（3）時代を通して歴史への目が養われる。
（4）皇室の安定性とその背景が理解される。
（5）皇室自体の方向性が示される。

このような特徴は、皇室が初めて自主性を持つという意味でもある。繰り返すことになるが、元号を被せた天皇の存在とたとえば徳仁天皇との間に、亀裂が生まれないということになるが、それは天皇自身にも、国民にも天皇の存在が屈折したものにならないとの意味を持つことになるであろう。

令和の時代が始まった今、平成、令和と二代にわたり、天皇の即位としては高齢であるということは、前述の五つの特徴のうちの（3）が重要な意味を持つと思う。天皇は時代に生きつつ、その姿自体が歴史を形づくっている。それが本来の姿である。

このことはもっと深く考えられていいことだ。たとえば昭和天皇は、大正天皇の崩御により摂政から天皇へと即位し、その後に軍部から次々と中国への出兵を求められ、結果的に裁可するわけだが、それが歴史となっていくという現実を、その時点では深くは考えてこなかった節があった。

そのことを裏づけるのは、太平洋戦争下の日々において昭和天皇はアメリカ、イギリスとの戦争に入ったことを悔い、侍従らに呟くともなく「どうしてこんなことになったのか」とか「誰が戦争をと言ったのか」と独り言のような言葉を発し続けたのは、まさに自ら裁可する〈時代〉が、〈歴史〉を形成していく過程においてであった。それを理解するのに相応の時間がかかるのである。しかし高齢になってからの即位では、そのような学習を皇太子時代に、ご自身で模擬という形で行えるのである。

その点が少年期、青年期の即位とは異なる重い意味を持つと指摘できる。

近代日本にあっては、天皇は大元帥であり、軍事の最高責任者としての役割が与えられた。それを正当化するために、軍人勅諭（明治15年）が明治天皇により下賜されるが、この冒頭では『古事記』『日本書紀』を用いて神武天皇による建国を持ち出し、天皇は優れた武人であると印象づけるのに必死になっている。それは昭和18年に陸軍の教育総監部が刊行した『皇軍史』の中でも強調されている。天皇を大元帥とした近代日本は、やはり過ちを犯したというべきであった。

そのことを和辻哲郎の「日本古来の伝統と明治維新後の歪曲について」から見ていくとわかりやすい。この論文は和辻の『新編　国民統合の象徴』に収められている。次のような説明が行われている。

「天子を軍服姿で現わすのがいかに日本の古い伝統と異なったものであるかを示しているのは、平家物語の重盛諫言の場である」

と書き、重盛が父・清盛に対して、太政大臣たるものが武装するなどということは道に外れている、と非難している場面を紹介している。太政大臣の武装を良くないと批判するのは、太政大臣は「天子の道の師」であり、武人であってはいけないからというのだ。天に則《のっと》って統治するのは徳を以《もっ》て治める、のが天子の核心であり、それこそスメラミコトを天皇という文字で表した時からの考えであったというわけである。

このような説明のあとで、和辻は「天皇を大元帥とする考とは、全然別のものである」と断じている。

大日本帝国の軍事主導体制にあって、天皇に軍服を着せて大元帥とした構図こそ道に反していたのかもしれない。そう思えば、まだ少年ともいうべき明治天皇に軍事の重さを託した近代日本の出発は、天皇の歴史にとって、きわめて不運なことだったのかもしれない。この点の吟味もこれからは必要になるであろう。

天皇と国民の回路が円滑に機能する

軍事から距離を取ろうとするこうした精神は、図らずも平成の天皇の言動と一体化していたが、その点は令和の天皇にも共通の思いと見ていいであろう。

先に挙げた五つの特徴のうちの（1）と（2）、つまり高齢の天皇の即位は社会には安定感をもたらすという点だが、これは代替わりを終えた今、改めて社会の動きの中にも表れていると思われる。日本社会は確かに安定的であり、さしあたり大きく揺れそうな兆候はないように思われる。

かつての昭和のファシズムの時代を解剖して、当時の日本社会には三つの担い手があったと丸山眞男は分析した。神輿《みこし》、役人、無法者。鶴見俊輔はこれを権威、権力、暴力にパラフレーズしたのだが、本来、権威を代表する天皇は、暴力に批判的であった。それは、権威を支えるのは暴力であってはならないということでもある。

このような構造を見るならば、現在は権威が暴力（むろんここには言論の暴力も含まれるが）に利用されることはないにせよ、権力もまた権威を利用することがないように監視する必要がある。

しかし天皇が少年期、青年期ではない以上、こうした不安はないというのが国民の安心感や安定感につながっているように思う。その安定感が平成、令和の何よりもの強さではないだろうか。

歴史の中で私たちは今、静かに新しい時代を迎えた。近現代史の中でこれほど落ち着いた代替わりはなかった。崩御と即位が重なり合う状況には、やはり歪《いびつ》な面があったということになるであろう。こういう形が実は日本の天皇の歴史だったのかもしれない。天皇に対し主権者、元首、そして大元帥といったいくつもの役割を課していた構図にこそ無理があり、そして少年期の天皇を巧みに利用してきたことが過ちだったのである。

その意味で、令和の出発は、平成と同じように天皇と国民の回路が円滑に機能していくように思われる。そこにこそ新しい時代の始まりが見えてくると思う。

第4章 皇室とアメリカ

フォード米大統領を
日本に迎えた昭和天皇

皇室とアメリカ――知られざる密なる関係

アメリカ流の民主主義への信頼

令和という時代が始まったが、この時代はどのような時代になるのだろうか。むろん軽率な判断は避けるにしても、これからの時代はこれまでの人類史が歩んできた道とは異なる道を歩むことになるのではないか。例えばロボットが人間の感情の領域にも入り込んでくる。医療や戦争などにも人間のように関わる。感情なき行為者の存在は、不気味な時代への移行でもある。科学技術が制御を失うこととてあり得る。

こういう時代的背景の下で、それぞれの社会がつくられていくに当たり、何らかの人間観や歴史観が必要になることは確かであろう。令和には令和なりの時代思想と時代の枠組みが望まれる。そこで今回は、近代日本の知られざる外交関係にスポットを当てて、皇室がアメリカといかに良好な関係を築いてきたかを検証してみたい。近代日本はアメリカによって開国したことになるのだが、そのアメリカと皇室は、実はかなり強い絆で結ばれていたと推測はされていた。

しかしこれほどとは思わなかった、という資料がこのほど発見され、報じられている。そのことは、皇室はアメリカ流のデモクラシーにかなり早い時期から共鳴、同調し、さしあたりはアメリカ流の民主主義に深い信頼を寄せていたことが明らかになったと言い得る。

大正天皇が皇族会議などによって病のために身を引くことになり、皇太子を摂政に就任させることになったことを、大正天皇である嘉仁の名で「亜米利加合衆国大統領」に送った親書が発見されている。大正天皇は病のために文字も書けない状況なのか、皇太子裕仁殿下が代筆している。驚くのはその文面である。すぐに二つのことに気がつく。

アメリカ大統領との交誼は濃かった

その一つは、摂政に就任したことを、その内側の事実を含めてかなり詳しく記述していることだ。長い期間、病の状態にあり、「大政ヲ親ラスルコト能ハサル」とも明かしている。

ここに書かれているようなことは通常であれば外国には明かさないであろう。もう一つは「貴大統領カ常ニ朕ニ示サレタル友情ニ徴シ貴我両国間ニ存在スル交誼」との一節である。つまり日米両国は日ごろからこうした親書の交換を続けていたのである。この種の電報は、ワシントンの国立公文書館に保存されているという。

こうした書簡について、アメリカ在住の歴史研究者のグリーン誠子氏が国立公文書館を中心にアメリカと近現代日本の関係について検証を続けているのだが、その過程で天皇家とホワイトハウスの緊密な親書のやり取りを確認したのである。相互の親書を公文書館から発見したわけだが、この一部についてはＴＢＳの「報道特集」でも報じられた。

その放送に当たり事前に私も親書を見せてもらい、愕然とした。日本の皇室がアメリカ側の指導者とこういう親書のやりとりを始めたのは、大正天皇の時代からであったようなのだ。明治天皇が病で倒れた頃からららしいという。明治45年7月ごろからということになる。

具体的に明治天皇がどのように倒れ、そして病床に臥《ふ》すようになったかをアメリカ大統領に詳しく報告しているのである。

確かにこの親書に触れる限り、その丁寧な文面と元首同士の親密な交流は極めて密度が濃い。それは単に思いつきでやりとりしている文面ではない。あえてもう2通を紹介しよう。1通は大正3年5月27日に「嘉仁」の名で送っている親書である。

この親書は、大正天皇がやはりアメリカ大統領に宛てたもので、内容の一節には「朕ノ尊敬愛慕セル皇太后陛下ハ大正三年四月十一日東京青山御所ニ於テ崩セラレタルコトヲ茲ニ貴大統領ニ報スルハ朕ノ痛悼ニ堪ヘサル所ナリ」とあった。まさにあらゆる情報を相互に伝え合っているようである。末尾には、「至高ノ敬意」や「友情」を表明すると謳っている。そして昭和2年2月18日の昭和天皇の親書には、大正天皇が崩御したことを伝え、このことを伝えなければならない自分は辛いといった表現を用いている。

そして次のように書いてもいる。

「朕ハ此ノ至大ナル不幸ニ際シ貴大統領カ朕及朕ノ皇室並国民ト哀戚ヲ共ニセラルヘキコトヲ確信ス」

アメリカの大統領との交誼《こうぎ》はこれほどまでに濃いものがあったと理解することができる。こうした皇室とホワイトハウスの交流の密度の濃さを確認していくと、近代日本史の見直しは必定のことになってしまう。グリーン誠子氏が発見したこうした資料により、これまで疑問に思っていたことの史実が氷解したり、納得がいった。その点を以下に列記しておきたい。

（1）昭和天皇が対米英戦に当初は全く乗り気でなかった。
（2）天皇側近の重要人物はいずれも親米英派であった。
（3）戦争開始期や末期の天皇、要人たちの発言が注目される。
（4）アメリカの駐日大使であるグルーの日記分析が必要だ。
（5）ルーズベルト大統領の開戦前夜の天皇宛て電文を再検討すべきだ。

平成から令和に変わった今、これらのことを再考し、新しい天皇の下でいかなる史実が確立されるべきかを探りたい。

天皇家とホワイトハウスの回路

前述の5項目をもう一度、検証してみよう。（1）について言うなら、昭和天皇は対米英戦に終始乗り気でなく、開戦以前に何度かその意思を示していた。開戦後も後悔と不安を持っていたことは、侍従たちの証言によっても容易に明らかになる。このことは今回の親書の延長線上にあり、アメリカの指導者には特別の感情を持っていたことがわかってくる。

昭和4、5年の頃に外国からの要人たちが天皇に謁見するときに、通訳を務めたのは外務省の沢田廉三であった。沢田の残したメモによると、まだ20代の天皇はアメリカ、イギリスの関係者にはきわめて親しげに質問を発し続けたというのである。その親米英的態度は、早くから培われてきたということであろう。
（2）について言うならば、牧野伸顕や西園寺公望ら宮中の側近たちはいずれも親米英派であり、プロイセン型が多い陸軍の軍人たちとは一線を画していた。これが昭和16年の開戦前にははっきりと浮かび上がってきたのである。これも歴史的には、こうした資料の分析によって、非戦派の情報共有度が確認されることが必要になるのではないか。
太平洋戦争の開戦前、そして終戦の頃の天皇や天皇に近い要人の中には奇妙な動きもあった。そういう動きが、天皇と相手方の指導者の間に何らかの意思統一に至る可能性があったならば、史実はもっと変わった形になっていたかもしれない。それを確かめるには、（3）の戦争開始期や末期の天皇や要人たちの発言を見ればいいだろう。具体的に論じれば、例えば昭和20年8月14日の2度目の御前会議である。ポツダム宣言の中には、国体護持が明記されていないとの不満を本土決戦派の強硬派は論じ続ける。

陸軍大臣の阿南惟幾《あなみこれちか》などはその急先鋒であった。そういう阿南に対して、天皇は「阿南、もういい。私には（国体護持は）自信がある」といってなだめるのである。このときに天皇は、どんな自信があったのだろうか、誰もが抱く疑問であった。確かに終戦に持っていくために、天皇は思いつきの発言をしたとの見方をとる論者もいた。しかし昭和天皇はそのような思いつきの発言をするタイプとは思えない。なにがしかの根拠があったに違いない。それは何だったのか。天皇には独自の情報ルートがあるのかもしれないとの解釈もできた。私もこの発言については不思議に思っていた。

改めて今回の文書を見ると、天皇はある時期まで続いていたアメリカの大統領との親書に触れていたのかもしれない。その親書を交わしていた時代を思い出して、そこに国体護持の思いをかけることにしたのではないだろうか。そういう説が真実に近づいているように、私には思えるのである。

これは開戦前のことだが、日米交渉が暗礁に乗り上げた昭和16年8月ごろに近衛文麿首相は、直接にアメリカ大統領のルーズベルトとの首脳会談を企図する。この計画は、結局は失敗するのだが、しかし近衛が熱心になったのには、天皇からの助言や示唆があったのではないかということも考えられる。天皇家とホワイトハウスとの間のホットラインが動けばこの計画は成功したかもしれない。

　アメリカ側はこのラインをきわめて重視していたように思われる。ただ満州事変以降はこのラインは動かなくなった節もある。どういう形で止まったのか、今後はこの点に留意が必要になるであろう。

戦争のない時代が皇室を安定させる

　そして（4）だが、意外に重要なのは、昭和7年6月に駐日大使として赴任したジョセフ・C・グルーであった。グルーは昭和17年に帰国するまでの10年間、日本にとどまり続けた。彼の書き残した日記類は、帰国後アメリカで刊行され、ベストセラーになっている。日本でも戦後すぐに訳されて刊行された。ここでグルーは「私の信頼すべき外交官出身の友人」とか「天皇に最も近い友人」といった具合に本名を明かさずに、天皇の意思を確かめている。グルーは、天皇とその周辺の人たちは全く戦争を望んでいないのに、軍人たちだけが居丈高になっている日本社会を的確に分析している。付け加えておけば、アメリカで刊行されたグルーの日記には、全て実名で書かれていて、牧野伸顕、西園寺公望、樺山愛輔、近衛文麿、吉田茂などの名が明らかにされている。

つまりグルーは、皇室の平和勢力が野卑な軍事勢力に脅かされているという構図をアメリカの大統領に報告していたのである。老練な外交官であるグルーが、大正、昭和の天皇が折々に大統領宛てに親書を送り、アメリカの大統領の側も天皇にメッセージを送る関係であったことを知っていたか否かは不明である。しかし両者の関係が戦争に入るほどの悪い関係であるとは思っていなかったであろう。

グルーは太平洋戦争下にあっても、アメリカ国内を講演して歩き、日本の天皇とそこに心を寄せている日本人は決して戦争を望んでいないと説いて回った。そのために講演会場では野次《やじ》を浴びることもあった。

実際に日本の降伏時に、天皇制を残すように説いたのは国務次官のポストに就いていたグルーだったのである。天皇が、あえて自信があると述べたのは、グルーの存在を意識していたからかもしれない。グルーは初めて天皇に会った時の様子を、次のように書いている。「エムペラア・ヒロヒトは若く――31と聞いている――小さな口髭《くちひげ》をはやし眼鏡をかけ、話をされる時、心持のいい微笑を浮かべられる」。この印象をグルーは持ち続けていたのである。

あえて（5）について触れておくが、日本軍の真珠湾攻撃の前夜、ルーズベルト大統領は天皇に親電を送り、太平洋に波風を立てぬように望む意思を明らかにしている。結局、この電報は軍人たちの意図的なサボタージュにより、意味をなさないで終わった。しかし考えてみれば、こうした親電についても天皇とアメリカ大統領のホットラインの延長線上と捉えてみるべきかもしれない。

昭和天皇の戦争の時代を見ても、天皇が独自に進めている「皇室外交」があった。今後はこうした形の外交はあり得ないにしても、令和という時代が、平成と同様にまずは「戦争のない時代」であることが、もっとも皇室を安定させるという受け止め方が必要になると思われる。

政治利用された「皇室外交」

ルーズベルト大統領宛ての書簡

この5月27日午前に、天皇、皇后はアメリカのトランプ大統領夫妻と会見された。天皇に即位してから最初の国賓との会見であったが、その内容は新聞報道によると、時間はわずか15分、いわば儀礼的な会見でもあったようだ。しかしともかく、日本の皇室とアメリカとが、意を通じているかのような空気は醸し出された。

日本の近現代史を振り返った時に、アメリカ大統領と日本の皇室は極めて近い距離にあったことは事実である。そのことについて、本章では日本の歴代天皇が大統領に私信類のような書簡を送っていることを指摘している。

例えば大正元年9月24日付の大正天皇がアメリカのタフト大統領に宛てた書簡は、明治天皇の崩御時に大統領から届いた弔意を表す書簡への答礼である。大正天皇は父・明治天皇の崩御にあたり、弔意の書簡に深い感謝の念を持っていることを伝え、これからも緊密な関係を結んでいくことを希望する旨の答礼の書簡を送っている。

以下に改めて触れるが、書簡の発見者であるグリーン誠子氏と『サンデー毎日』編集部とのやり取りによれば、明治時代からホワイトハウスと宮中とは独自に緊密な信頼関係を結んでいたこと、そこには信頼と尊敬の感情が想像以上に強いことがわかってくる。この感情がどうして永続性を持たなかったのか、そこが疑問にも思えてくる。同時に太平洋戦争が歴史に逆行していたことが、さらに鮮明に見えてくる。グリーン氏によると、太平洋戦争の始まる3カ月ほど前に、ルーズベルト大統領の母堂が死亡しているが、その折には昭和天皇は丁重なお悔やみの書簡を送っているという。

日米関係が少しずつ悪化していくのに伴い、軍部はかなり居丈高になりつつあり、外交交渉を挫折させようと圧力をかけていた。このことは、軍部が、皇室とホワイトハウスの親密な関係を全く知らなかったということになるであろう。ここに昭和の悲劇があったと言うべきである。

近衛文麿首相が、昭和16年8月当時に進んでいた日米交渉で、ルーズベルト大統領との会見で一気に懸案事項を解決しようと考えたのは、この蜜月の関係を知っていたからではないだろうか。私にはそのように思える。

こうした歴史的な経緯を改めて確認することで、私たちは史実の裏側を理解する必要がある。日米関係はもともと極めて良好であったのだ。それが昭和のある時期から崩れていくのは、政治よりも軍事が全面的に前に出てきたのが原因だということがわかる。軍人たちは、ホワイトハウスと宮中が親密であることを知らない。というより、知ろうともしなかった。なぜなら戦争には相手との親密な関係は不要だったからである。

近衛首相の大胆とも思える会見の提案は、実は、天皇の示唆によるものであったのかもしれないと考えるべきではないか。近衛の提案に当初は、アメリカ側も乗り気で特にルーズベルト大統領は、ハワイがいいか、それともアラスカがいいかと言ったと、野村吉三郎大使は本省に連絡している。それが結果的に壊れるのは軍部がアメリカの提案そのものを全く相手にしなかったからだ。グリーン氏による新資料の発掘は、こうした点に新しい光を与えることになったといっていい。

天皇の政治利用が進むという懸念

このような理解を基に、改めて明治、大正、昭和のある期間に交わされた電文を見てみると、前述のように明治天皇の崩御を大正天皇の名で送った電文の前には、明治天皇が駐米大使を命じた人物の紹介なども事前に送っている。

こうしたことは、明治38年に日露戦争の講和の仲介役を担ったアメリカに、日本としては感謝していることが、出発点になったとみることができるように思う。その感謝が極めて高い信頼を生んだと言っていいのではないだろうか。アメリカ大使にどのような人物を据えるか、そのことは日本の皇室にとっても重要な意味を持った。

大正5年7月4日に大正天皇は、ウッドロー・ウィルソン大統領に公式の書簡を送っている。それによると、今回イギリスの大使だった珍田捨巳を駐米大使に転出させると伝え、珍田の業績や人柄に触れたあと、後任の大使に佐藤愛麿を着任させるというのであった。

大正天皇・嘉仁の署名もあり、改めて佐藤の人物紹介などを記述している。こうした筆の運びを見ると、天皇のアメリカ観は見事なほど思い入れが激しいということが言える。ここまでと思うほどアメリカを頼みにしている。第一次世界大戦にアメリカを中心とする連合軍の力が強まっていき、日本はその勢力圏に組み込まれるのを受け入れることに必死だったと言ってもいい。

しかし、大正のある時期からは軍事が強まり、宮中は政策に関して影響力を失っていく。

同時に電文の交換も少なくなっていった節がある。そのことを分析しておくことも必要になるであろう。大正12年1月15日付の公式書簡にはいくつかの変化が見られる。天皇の署名すべき欄に、大正天皇・嘉仁とその隣の少し下段に裕仁の署名がある。つまり裕仁は摂政宮に就任して1年3カ月を経ている。この日の内容は新しい駐米大使の紹介だが、まだ摂政宮の就任などは伝えていなかったのである。このことは何を物語るのかを検証してみることが必要だろう。

書簡の文面は大正天皇からになっているのだが、その署名は裕仁になっている。ということは摂政に変わったことは伝えられていないということであった。大正11年、12年というのは、アメリカでは排日移民法などがあり、アメリカ国民の日本に対する感情が悪化している時でもあった。それに日本が国際社会でイギリスと結んでヨーロッパとアジアで勢力を二分割していく状態に、アメリカは苛立っていた。

明治35（1902）年に締結されている日英同盟は、アメリカにとっても目ざわりで、イギリスに日本との関係に深入りすべきでないと要求していた。アメリカにとって、日本は極東アジアの信頼する同盟国ではなかった。

天皇とホワイトハウスの書簡がそれほど頻繁ではなくなるのも、あるいはこうした時代背景が影響していたのかもしれない。アメリカの国務省が、大正のある時期からは日本に対して警戒心を持っていたのかもしれない。それがしだいに本格的な警戒心となり、昭和にはその警戒心が一層露わになっていったのかもしれない。

改めてグリーン氏の証言によるなら、もともと皇太子明仁親王と美智子さんのご成婚にあたり、昭和天皇が当時のアメリカ大統領のアイゼンハワーにこの結婚について報告の書簡を送っている。グリーン氏がその書簡を発見したのは２０１４年であった。以来グリーン氏は皇室とホワイトハウス間のやり取りについての書簡（電報など）を発見、発表している。これまで30通余の書簡がグリーン氏の独自の調査で明らかになっている。私もその書簡をおいおい見せていただきたいと思っている。

話は変わるが、トランプ米大統領の今回の来日で、一見すると日本の皇室とアメリカ大統領の間の距離感がかなり縮まったようにも思える。もともと緊密だったのだからほほ笑ましい光景とも映る。しかし新聞報道によれば、政治利用の感がなきにしもあらずであった。具体的に言えば、皇室外交なのか、それとも政治の側の天皇の政治利用なのか、その際目はどこにあるのかが問われる事態でもあった。

『日本経済新聞』の5月29日付朝刊の社会面は、天皇、皇后とトランプ大統領夫妻の会見について報じている。その解説の中で、貴重な指摘がなされている。トランプ大統領は、両陛下と並んで、安倍首相との過去2年の蜜月について触れている。こうした政治レベルの話には触れないのが普通で、明らかに政治利用されているかのように映ると指摘している。極めて妥当な見方であろう。私自身、この見解に全く納得しているが、こうした指摘を繰り返さないと、天皇の政治利用はより徹底して進むことになるであろう。

平成期ならトランプ氏は国賓とされたか

平成の時は、天皇が迎えた最初の国賓はアフリカのジンバブエの大統領であった。普通はこうした形が多く、大国は避けるというのが政治、宮中の側の了解だった節があるが、今回はこうした前例が破られている。しかも改元からの動きを見ると、流れは全て政治利用に傾いている。そこに改めて皇室外交の危機というべき状態がつくられているように思う。

実際問題として、皇室の側は政治からの要請を受け入れざるを得ないといった状況を考えれば、政治の側に自制が必要なことは当然のように思える。

もし改元が行われていなければ、たとえトランプ大統領が来日しても今回のような国賓としての待遇になったであろうか。あるいは天皇と会ったにしても今回のような挨拶になったであろうか。確かに皇室外交といっても、政治との線引きは難しい。事実上は政治の色を払拭《ふっしょく》するのは大変なことである。とすれば、今回のように露骨に政治が前面に出てくることは、政治上の存在にしていこうとの思惑が透かし見えるようで愕然となってしまう。

明治から大正、そして昭和のある時期までの天皇とホワイトハウスの間で交わされた電報のやり取りは何を意味していたのか。あえて結論を言えば次の3点が重要となるであろう。

（1）お互いに友人としての関係に徹する。
（2）アメリカ大統領の日本理解の伏線である。
（3）天皇の心理的安心感が感じられる。

つまりそれぞれ秘密に似た回路を持つことで国家の利益と信頼を高めることに徹しきっていたということになる。今は確かにそのような時代ではない。しかしこうしたルートがどういう役割を果たし、今回のような「安倍・トランプ」のような外交が皇室にどう影響するのか、私たちは冷静に考える必要がある。つまり歴史に学ぶ必要があるのである。

軍部が皇室のリベラリズムを裏切った

アメリカへの信頼に端を発して

皇室とホワイトハウスの緊密な関係を裏づける電文のやり取りが、一研究者の手で明らかになった。このことについてはこれまでも触れてきたが、電文の内容については、今後、研究者のグリーン誠子氏が発見した資料の開示が待たれるところである。この事実によって近現代史の不透明な部分に光が当たるのではないかと思われる。

この電文のやり取りが、明治の終わりごろ、つまり明治天皇とホワイトハウスの間ですでに始まっていることに改めて驚かされる。そして大正天皇、昭和天皇の時代になっても続いていることがわかる。とはいえ昭和天皇の時代には、昭和の初めの頃までの電文があるにしても、その後は判然としない。いまだ発見されていないのかもしれない。両者の間で極秘で私的な交流が行われていたのかもしれない。

私は近現代の日本史に関心を持つのだが、さしあたり次のような史実と、この緊密な関係を照らし合わせて検証してみたいと思う。わかりやすく箇条書きにしておこう。

（1）皇室とホワイトハウスの関係は、日露戦争後に始まったと推測される。

（2）大正天皇の親身溢れる電報はアメリカへの信頼に端を発している。

（3）昭和天皇が若くして摂政の地位に就いた事情はホワイトハウスに伝えられている。

（4）満州事変での昭和天皇の立場をホワイトハウスは正確に知っている。

（5）太平洋戦争の開始直前、終戦時の天皇の発言にアメリカからの伝言があったのかもしれない。

（6）戦後、天皇を免訴にするマッカーサー方針はアメリカ政府の総意だった節もある。

このほかにもいくつかの不明点があるにしても、いずれ電文の内容が明らかになれば、史実の解釈は大きく変わることにもなりかねない。私自身はさしあたりこの6条件は検証に値すると考えている。

「国体護持には自信がある」

あるいは次のような史実にも新事実が示されるかもしれないという感も受ける。昭和20（1945）年8月14日、宮中では9日に続いての2回目の御前会議が開かれている。ポツダム宣言を受諾するか否かの最終会議である。すでに天皇は受諾の意思を示している。しかし本土決戦に固執する強硬派の阿南惟幾陸相、梅津美治郎《よしじろう》参謀総長、豊田副《そえ》武《む》軍令部総長は譲らない。議論が白熱していく中で、天皇は、「阿南、わかった。(国体護持には)私は自信がある」と制している。理由は示していない。

天皇があえて「私は自信がある」と言ったのは、どのような根拠に基づいているのか、これまでもあれこれと推測はされていたが、しかし確たる根拠は示されていない。私は宮中には独自の伏せられたルートがあり、そのルートで天皇の元に情報が入っていたのではないかと考えてきた。そのルートとは、たとえば駐日大使のグルーなどが軸になって日本側に伝わってきたのではないかといったことも想定される。

宮中とホワイトハウスの関係が、お互いに高度の情報を知らせ合うことで信頼し合う状況になっていれば、昭和という時代の歪みはある程度ただせたはずだが、そうはならなかったところに悲劇があった。しかし戦争末期になって、アメリカ側から高度の情報が伝わってくることはあり得たと思われる。天皇の「私は自信がある」との言は、実はその回路が復活してきたと考えたいのである。

そしてもう一点である。昭和天皇は、9月27日にマッカーサーとの初の会見を行っている。天皇は緊張している。35分近くの会見を終えて、宮内省に帰ってきた。正面玄関に車をつけ、省舎でひと休みしてから吹上御所まで別の車で向かうことになった。そのとき陪乗したのが、侍従の岡部長章《ながあきら》であった。この車は陪乗者が進行方向と逆向きに座ることになる。岡部の目には、天皇がひどく疲れているように見えた。岡部は声をかけている。天皇がじっと考え込むポーズのままだったからだ。

「いかがでございましたか。アメリカ人は案外率直なところがあると存じますが」

これに対し天皇はただひとこと「ええ……」と答えたというのだ。岡部の印象では、天皇は自らの気持ちの全てをありのままに、マッカーサーに打ち明けたと思うと証言していたのが印象的であった。こうした証言を聞くと、天皇とマッカーサーの会見ではもっと深い内容が話されていたのかもしれない。前述の5点、つまり皇室とホワイトハウスのやり取りの中で交わされていた電文により、これまでの史実に新たな解釈が必要になるとの見方についてもう少し説明を加えていきたい。

（1）についていえば、明治38年10月16日に、明治天皇は「平和克復の勅語」を発している。日露戦争が終わり、平和が甦ることを考え喜ぶ内容なのだが、後半部分でアメリカ大統領に感謝する内容が並ぶ。次のような一節がある。

「亜米利加合衆国大統領の人道を尊ひ、平和を重んずるに出でて、日露両国政府に勧告するに、講和の事を以てするや、朕は深く其の好意を諒とし、大統領の忠言を容れ、乃ち全権委員を命じて、其の事に当らしむ（以下略）」

アメリカ大統領の好意に丁寧な表現で応じている。国民にもそのことを打ち明けている。この時を機に、アメリカ人への関心が国内でも高まっていったのであろう。

天皇家の人間関係を調べていた米国

皇室とホワイトハウスのつながりが強まっていくきっかけがこのときであった。大正天皇の体の具合が悪く、大正10年11月に皇太子が摂政宮に就くことは、皇太子裕仁の名と大正天皇の嘉仁の名によってホワイトハウスに伝えられている。大正天皇が書いた文面になっていて、皇太子が書く文章としては確かにおかしい。しかし摂政という立場は、実はそのようなおかしな文章にならざるを得ないということかもしれない。アメリカ側がどのように受け止めたかの反響はわからない。

しかし天皇という制度は、終身在位、男系、男性天皇ということは理解し、どのような時に国力が強まり、どのような時に弱まるのか、そのような分析は行っていたのであろう。

したがってアメリカ世論の日本を見る目は、三つに分かれていったことがわかる。

一つは、天皇とその周辺の人脈で見る。この勢力はアメリカとの十分な協力者なのである。

もう一つは、軍事集団とその追随者で、このグループをアメリカ側は常に戦争勢力と見ている。大正天皇に同情を寄せているアメリカの政治勢力は、この軍事集団をもっとも警戒していたことがわかる。大正12年9月1日の関東大震災でアメリカはもっとも素早く支援態勢をとった。国際社会に支援を呼びかけたのもアメリカの各種団体だった。横浜には支援物資が次々と届いた。ところが日本社会で震災後に中国人、朝鮮人などの虐殺事件が報道されていくにつれ、支援物資は滞っていった。日本社会の主導権が軍事に握られていくのを知ったからだった。

あえて三つ目として、庶民の姿が考えられる。日本社会はまだ市民的権利が保障されている社会ではない。それだけにこの国がどの方向に向かうかは、庶民が天皇のリベラリズムをどの程度理解するかによると考えられていた。ホワイトハウスは、そのことをもっとも敏感に感じ取っていたのではないかと思われる。大正天皇は昭憲皇太后の死なども丁寧に報告していたのである。

ホワイトハウスが、日本の天皇家の人間関係を詳細に調べていたのは、主に日本社会の三つの勢力がどのような形で結びつくのかに強い関心を持っていたのと、もう一つはこの国が将来、敵国になる可能性を案じていたからであろう。明治40年の「帝国国防方針」では日本海軍がアメリカを仮想敵国としていることにも関係があっただろう。無論仮想敵国とは単なる敵ではなく、軍事力を一定の規模で維持するために必要としているものと表面上は理解していたに違いない。しかし当の日本海軍が暴走するか否かは、アメリカにとって確認しておかなければならない点だったのであろう。

昭和7年に駐日大使として着任したグルーは、アメリカの外交官としてはベテランの一人で、太平洋戦争の開始後に、交換船で帰国した。彼は膨大な日記をつけていて、戦時下の1944年に日本社会を正確に理解するためにとアメリカで書籍化している。その「序言」の中で、グルーは次のように書いている。

「ここ数年来、われわれは日本の軍閥と軍機関の、純然たる陰険と狡猾と野獣性と冷笑的な不誠実との、累積的実例を見せられて来た。私の本には日本の軍国的心理と気質の中世紀的性格の新しい証明が示してある」

日本の軍事主導体制を心底から憎んでいる。その半面で次のようにも書いている。

「然しこの本は、もし私が、戦争を欲せず、合衆国、英国その他の連合国家を攻撃することが如何に愚劣であるかを知り、軍国主義的極端分子が力の及ぶ限り向こうみずな、自殺的な侵略に突進するのを、阻止しようとした多くの人々が現に日本にいることを、深く読者の心に感知させ得ないとしたら、その目的の一つを遂げないことになる」

なんともわかりにくい表現を用いているが、前述の天皇やその側近たちのリベラリズムを指しているのである。つまりグルーは、日本での10年余に及ぶ外交官生活は、皇室とホワイトハウスのつくってきた回路を見守るというのが大きな役目だったといってもいいのではないかと、私には思える。

グルーの日記を読んでいくと、その動きは天皇周辺の反軍部の人たちへの共鳴に満ちていることが明瞭になる。このことを前提に太平洋戦争の開戦時、そして終戦時の動きを見ていく必要がある。

軍部によって裏切られた皇室外交

グルーの置かれた状況や天皇の立場をもっとも象徴するのは、日本軍の真珠湾攻撃前夜のルーズベルト大統領の親電事件である。このメッセージは何を意味したのだろうか。検証すべき点は多い。これまでは、ルーズベルト大統領の平和を望む意思を歴史上に刻印したというふうに受け止められてきた。陸軍の参謀たちが意図的に10時間半遅らせてアメリカ大使館に届けたことも、妨害工作として語られてきた。

このような見方は半分は当たっているかに思えるが、しかし重要なことはルーズベルト大統領があえて天皇にメッセージを送るということには、もっと別な意味があったのかもしれない。その考えを披瀝しておきたい。

ルーズベルトのメッセージが発せられたのは、ワシントン時間12月6日の午後9時であった。日本時間では、7日午前11時である。ホワイトハウスは実際に親電を打つ前に記者発表しているから、アメリカの通信社の報道は7日午前7時には始まっている。日本でもその時間には知られている。『昭和天皇独白録』によると、このニュースを聞き、電報を待っていた。しかしなかなか来ない。「私はこの親電に答へ度いと思ったが」と言っている。しかし東郷茂徳《しげのり》外相が電報を持ってきたのは、8日午前3時であった。真珠湾攻撃が始まる30分前だった。この段階では意味がないという東郷外相の助言で、返電はやめることにしたというのだ。

実は親電は7日正午には日本の電信局に着いていたのだ。それなのにグルーが親電を受けとったのは7日午後10時半ごろである。グルーは慌てて東郷に、天皇への拝謁を申し出ている。しかし東郷と東條英機首相は断っている。陸軍の参謀たちの謀略によって天皇とホワイトハウスの緊密な関係は見事に切断されたのである。天皇も東郷外相も、そしてルーズベルトもグルーも、意図的に参謀たちが10時間半遅らせたという史実を、この時は知らなかった。明治からの天皇たちの努力は全て水泡に帰したのであった。

近現代の皇室の悲劇である。

第5章 新しい天皇の時代

愛犬の由莉とともに、那須御用邸の敷地内を散策する天皇、皇后両陛下と長女愛子さま

眞子さまご結婚問題

——皇室と恋愛、5条件に立ち返れ

結婚問題と皇室のあり方とは不可分

秋篠宮家長女の眞子さまの結婚をめぐる動きが、メディアを賑わせている。小室圭氏との結婚はどのような形になるのか、一部では破談になるのではないかとか、また一部では実らせてあげたいといった声もあるなど、なかなか形が明確になってはこない。しかしこうした皇室の結婚問題はいくつかの問題と複合しているために、単に当人同士の感情だけで動くわけではない。複合する問題とは、皇室の将来像とも関わりがあるという意味でもある。例えばそのような問題として、平成の天皇の生前譲位とも微妙に絡んでいるのである。今後の皇位継承の順位に秋篠宮さまの家族の果たす役割は大きい。皇位継承をめぐる順位でも秋篠宮家の存在は要になったと言える。こういう立場では、眞子さまの結婚問題と皇室のあり方とは不可分に結びついているとも言えるであろう。

譲位によって、天皇という枠組みが、明治、大正、昭和にはなかった時代様相で描かれることになった。具体的にはどういうことか。天皇のイメージが拡散する恐れがある。上皇、天皇、そして皇嗣の3人が横に並ぶ形になる。これまでのように天皇、そして皇太子、皇位継承第2位、第3位、といった形で縦に垂直になっていれば、天皇制のありようは極めてわかりやすい。天皇に求心力が一本化しているからだ。ところがこれからは「天皇」のイメージが横並びであるが故に、天皇への求心力が三分立することにもなりかねない。しばらく私は、「天皇」という語に上皇陛下を思い浮かべるだろう。同様に10代、20代の人たちは、秋篠宮家の眞子さまを通して皇嗣、天皇という回路を理解するのではないだろうか。

それは、この結婚を通じて皇室への見方がつくり上げられていくということでもある。つまり若い世代は、天皇という制度を理解する入り口としてこの結婚のありようを見つめることによって、天皇家について考えていくのではないかと思えるのである。私の世代は、この結婚問題はなぜ進まないのかを通して天皇家を考える時、むろんそれを入り口にするのではなく、歴史的に俯瞰《ふかん》図を描いて考える。世代により天皇を見つめる目は違うということでもある。

皇室の恋愛は一般社会とは違う

眞子さまの結婚問題のありようの一つに、「皇室と恋愛」というテーマが内在しているように思う。皇室には恋愛は許されるのか、それは一般社会とはどのような違いが前提になっているのか、といった問いかけに、どのような答えを出すべきかが、皇室にも社会にも求められているということだ。

特に前述のように、天皇のイメージが横並びである状態を、縦の垂直線にしていくためには、皇室の恋愛論が天皇家を貫く一本の線として人々に理解される必要があると思う。

皇室と恋愛と言えば、上皇陛下と上皇后さまの結婚は近代社会では初めてという形で理解された。「テニスコートの恋」というキャッチフレーズも当時はメディアで繰り返し騒がれた。確かにそうであったように思える。昭和34（1959）年という時代にあって、日本社会も少しずつ戦争の傷痕を消しつつある時だったのである。新時代を象徴する動きが、皇太子と正田美智子さんの婚約、そしてご成婚の流れの中に凝縮されていたと言うべきであろう。

ところがこのご結婚は、確かに恋愛をバネに進んだかのように見えて、実は必ずしもそれほど単純ではないと言えるように思う。

昭和34年当時、皇太子と美智子さんの婚約、ご成婚を恋愛という言葉で語ることは、皇室のイメージを一変させる衝撃を社会に与えた。歴史的に言えば、そういう空気が社会にも、皇室にも必要とされていたのである。加えて美智子さんが民間から初めて皇室に入ることになり、そういう新しさがこの言葉に仮託されたのだ。

しかし美智子妃が、皇太子との結婚を決意するのは、単純に恋愛感情だけではなかった。お二人が結婚を決意するプロセスについて、東宮侍従長だった黒木従達が、お二人のご結婚20年の折に、恋愛感情だけではなかった経緯をある誌に書いている。それによるとお二人が初めて会われたのは、昭和32年8月19日であった。ここから恋が芽生えたように言われているが、そうではなかったと黒木は書いている。お互い慎重に、そして深く、それぞれのお気持ちを整理していったというのである。美智子さんは、自分は皇室の任に堪えられるかと悩み、小泉信三に断りの手紙を書いたともいう。そして黒木は、皇太子が電話で自らの心中を明かした経緯を紹介した後に、次のように書く。

〈「どんな時にも皇太子と遊ばしての義務は最優先であり、私事はそれに次ぐものとはっきり仰せでした」と後に妃殿下はしみじみと述懐なさっていたが、この皇太子としてのお心のさだまりようこそが最後に妃殿下を動かしたものであったことはほぼ間違いがない。

皇太子として真に尊敬に価するお方でいらしたことが、皇太子でいらっしゃるが故に畏れで一杯だった妃殿下の御心に、しっかりとした信頼に根づく愛情を呼びさましていったと推察してよいと思う〉

ここにあるのは、皇太子自らの正直な考え方であった。確かに恋愛結婚の枠組みに含まれるにしても、お二人の感情が軸になって、土台には「尊敬」という感情が流れていることがわかるのである。感情と尊敬が土台で強固に結びついていることは、皇室と恋愛というテーマに結びつくべき貴重な要素である。

美智子さまの「皇族の女性」観

皇室の恋愛はその後は秋篠宮殿下と紀子妃にも受け継がれた。皇位継承第2位という、長兄とは異なる立場であったこともあり、現代風の恋愛といってもよかったのかもしれない。近代日本皇室にあって、恋愛とは単純に好悪の感情ではなく、そこに相互の畏敬の念が必要とされる。皇位を継承する者にとっては恋愛よりも、世継ぎが大切であり、そのために、ともすれば恋愛感情などとは無縁のまま結婚という形が選ばれた。

しかし今、そういう時代は終わったのである。恋愛から出発しての結婚があってもよい。

しかしそこには明仁皇太子と美智子さんの結婚に見られるように、好意の感情とともに尊敬や畏敬がより大きな比重を占めることが重要な要件になっていたのである。

歴史的に見て、特に近代日本の歴史を見て皇室と恋愛という括り方をしてみると、次のような言い方ができるように思う。箇条書きにしてみよう。

（1）皇室の関係者の恋愛は愛情だけではない。
（2）相互に畏敬の念が要求される。
（3）世間に一定の範囲で認知される。
（4）必ず助言者がいて、適宜助言を受ける。
（5）恋愛相手は調査される。

少なくともこの5条件は基本的なルールと言っていいのではないだろうか。このルールが欠けていれば、それは歓迎されない恋愛であるといっていいだろう。同時にこれらの条件は何も皇室だけではなく、一般社会でも語られることのある条件である。

皇室の結婚は、近代日本にあっては、明治、大正、戦前の昭和の時代には恋愛などありえない空間であったから、ある約束の下で進められた。皇太子であれば大体は五摂家（近衛、鷹司、九条、一条、二条）から妃が求められるという具合である。妃に子供が誕生しない時は側室の女性から皇子が誕生するように求められた。

大正天皇の皇后である貞明皇后は、4人の皇子をもうけている。このために側室制度は不要になり、一夫一婦制が確立することになった。貞明皇后は、長男である皇太子（のちの昭和天皇）には島津家の流れをくむ久邇宮良子《ながこ》女王、次男である秩父宮には会津藩の松平容保《かたもり》の血を引く松平節子さん、三男の高松宮には徳川家、四男の三笠宮に華族の高木家からと明治維新の怨念を整理するかのような御妃選びを行った。こうした配慮が貞明皇后の歴史観でもあった。

つまり天皇の家系では恋愛にもとづく結婚はありえなかったのである。歴史的バランス、あるいは不文律のような約束の下に結婚が決まっていた。天皇だけでなく天皇の兄弟もまたそれに準じていたのである。皇后にはそれぞれ独自の役割があった。そのことについて、かつて上皇后さまは、ご自身のお誕生日で宮内記者会の質問に文書で答えられている。そこに次のような一節がある。

「欧化思想とそれに抗する思想との渦巻く中で、日本の伝統を守りつつ、広く世界に御目を向けられた昭憲皇太后の御時代に、近代の皇后のあり方の基本が定まり、その後、貞明皇后、香淳皇后がそれぞれの時代の要請にこたえ、さらに沢山の新しい役割をお果たしになりました。（略）先の時代を歩まれた皇后様方のお上を思いつつ、私にも時の変化に耐える力と、変化の中で判断を誤らぬ力が与えられるよう、いつも祈っています」

これは平成14年のお言葉でもあるが、皇后の務めるべき役割の基本について語った内容であった。このことを踏まえて上皇后さまは、「これからの女性皇族に何を望むか」といった問いには、人は皆個性を持っているのだから、類型的な皇族像を求めるべきではないとした上で、次のように答えられている。

「それぞれの方らしく、御自分の求める女性像を、時と思いをかけて完成していっていただくことが望ましいのではないでしょうか。そして皇室の長い間のしきたりであり、また、日本人のしきたりでもある御先祖のお祀りを皆して大切にし、これまでどおり、それぞれのなさり方で陛下をお支えになって下されば、私は大層心強く思います」

上皇后さまが今から17年前に述べられたこのお言葉の中に、皇族の女性の生き方が示唆されているともいえるように思う。貴重な教えだと言えるのではないだろうか。

眞子さまの恋愛は「阻害要因」か

皇室もかつてのように全てを旧来の慣行の中に閉じ込めておく時代ではなくなった。しかしそのエキスは伝統的規範の上に、新しい価値観が付加されるということではないかと私は思う。それゆえに、と言うべきだろうが、私は前述の5条件が意味を持ってくるように思えてならないのである。

秋篠宮家の眞子さまの結婚問題は二つの面で注目されるべきだということが浮かび上がってくる。

あえて二つというのは、いわゆる基本的な問題が内在しているからである。その一つは前述の5条件に合致しているか否か、ということである。各項目別に論じるつもりはないが、5条件の中でも、相互に畏敬の念が通い合っているのか否か、そして良き助言者はいるか、ある程度の調査を行っているのか、などを吟味していくと、多くの点で皇室の恋愛の条件から欠落している点が多いようにも思う。もっとも皇室という観点ではなく、男女間の恋愛ということであれば、第三者が口を挟む余地はない。現実にはそのような方向に向かうのかもしれない。

しかし今のところこの恋愛は皇室という枠内でもあり、社会的な視点も必要と考えるべきであろう。

もう一つは、皇族は天皇を支えるという大きな役目がある。この恋愛は現在は令和の天皇を支えるうえで阻害要因になるのか否かが問われるべきであろう。そして将来は、秋篠宮さまや悠仁さまにとって、その存在を支えることになるのかが検証されるべきであるように思われる。

眞子さまの結婚問題をこの二つの視点で見つめ、そして皇室の恋愛はいかにあるべきかを改めて考えていく時ではないかというのが結論になると思われる。

即位後の「おことば」を読み解く

先帝、歴代天皇、国民、そして憲法

この5月1日から元号は、令和と変わったが、ひとまずは安寧の年明けでもあった。新しい天皇の即位後朝見の儀での400字余のおことばは、平成の天皇よりはわずかに多めであったが、しかしその内容は独自性に富んでいた。私の見るところ四方に目配りし、そしてご自身のお考えも示されている。

新天皇のおことばは、二つの意味がある。一つは、上皇陛下の象徴天皇への歩みに「敬意と感謝」を申し上げるとの意思である。もう一つは、長くなるが引用して考えてみたい。次のようになっている。

「ここに、皇位を継承するに当たり、上皇陛下のこれまでの歩みに深く思いを致し、また、歴代の天皇のなさりようを心にとどめ、自己の研鑽《けんさん》に励むとともに、常に国民を思い、国民に寄り添いながら、憲法にのっとり、日本国及び日本国民統合の象徴としての責務を果たすことを誓い、国民の幸せと国の一層の発展、そして世界の平和を切に希望します」

この文章は少々長くて理解するのに時間がかかるのだが、しかし次のような形を持っていることは容易にわかる。

（1）上皇陛下の歩みに思いを致し、

（2）歴代天皇のなさりようを心にとどめ、

（3）国民を思い、

（4）象徴としての義務を果たすことを誓う

皇位を継承するにあたり、これからの責任が与えられていることを自覚しているということになる。平成の天皇の場合は、昭和天皇と国民への二つの約束を果たす形になっていたが、新しい天皇は先帝、歴代天皇、国民、そして憲法の四つの枠組みを自身に課していることがわかってくるのである。目配りのきく対応と言えるのかもしれない。

新しい天皇にはまだ遠慮がある

ここには、歴代天皇のなさりようといった少々曖昧な表現も混ざり合っている。この場合、歴代天皇には皇祖皇宗といった意味があり、神武天皇の神話部分への関心と誤解される恐れもある。天皇をはじめ皇室の人たちが神話を信ずることはあり得るし、そのことを口外しなければ構わない。いわば神話史観が国民に強要されることがあっては昭和時代（昭和初期の軍事主導体制）の再来になってしまうのである。それでは天皇の存在は国民に不信を買うことになるのではないかとの思いがする。

そしてもう一つ、私が気になるのは、前述の（1）から（4）の項目の文章を受けるとなれば、何かをなすといった能動的な一文が必要ではないかと思うが、どうだろうか。「思いを致し」「心にとどめ」「思い」「誓い」、その上で私は「このようなことを行う」という形がもっともわかりやすい。それが一般的な形とも思える。

しかしこのおことばはそうせずに、国民の幸せ、国の一層の発展、世界の平和を「切に希望します」と距離を取った表現になっている。この形をどのように解釈するかが国民に託された問いのように私には思える。言うまでもなく、新しい天皇と国民とが時代をつくっていくわけだから、その間にいずれにしても回路や絆が出来上がらなければならない。その回路を考える上で、このおことばの理解は一つの前提になるだろう。

正直な感想を言えば、「国民の幸せと国の一層の発展」のために、ご自身が世界の平和を強く希望しているといった主体的な言葉が加われば、より印象的なメッセージになったように思う。

平成の天皇の即位後朝見の儀のおことばを改めて確認すると、その末尾は以下のようになっている。

「国運の一層の進展と世界の平和、人類福祉の増進を切に希望してやみません」となっていて、希望してやみません、と自らの意思を鮮明にしている。この点で新しい天皇の、希望します、とは少々ニュアンスが異なっている。思うに新しい天皇にはまだ遠慮があるようにも思える。こうした比較は現実には些細《ささい》なことに思えるのだが、実は将来の天皇像の違いにも表れるように思えてくる。

同時に上皇と新天皇との違いを、このような形で検証できるのは意義のあることにもなるであろう。なぜならこれまでは先帝の崩御という形でしか新天皇は即位できなかったのであり、譲位となって先帝は自らの時代と新天皇との政治の関わりについて初めてその全体像を知ることができるようになるからだ。今回のようにおことばの申し送りも、これからは当たり前の儀式になっていくのではないかと思われる。

天皇と国民の間のコミュニケーション

近代天皇のおことばは時代によって異なっている。あえてわかりやすく言えば、そのおことばはいわば首相の施政方針演説にも対比できるかもしれない。おことばによって、天皇としてどのような心構えを持っているかを明かすことになるのである。

明治天皇は明治元年8月27日に「即位の宣命」を発表している。ここでは「現神と大八洲国所知す、天皇が詔旨らまと宣リ給ふ勅命を、親王・諸臣・百官人等・天下の公民、衆聞食と宣リ給ふ」とまず挨拶し、正直な心を持って天皇が、「朝廷を衆助け仕え奉れ」と宣言するというのであった。明治天皇は即位前後に次から次へと勅語を発表している。五箇条の御誓文や開国の詔まで発表しているということは、天皇の名において新たな国づくりが始まるということであった。

大正天皇の「御践祚後朝見の御儀に於て下されし勅語」になると、先帝を讃えたうえで「朕今萬世一系の帝位を践み、統治の大権を継承す。祖宗の宏謨に尊ひ、憲法の条章に由り、之れか行使を愆ることなく、以て先帝の偉業を失墜せさらむことを期す」と言っている。

平成の天皇、そして新天皇のおことばの形はこの大正天皇の時から始まったように思える。むろん大正時代は天皇の主権国家だから、「臣民亦和衷協同して、忠誠を致すへし」という一節も加えられている。ここで注目されるのは大正天皇の時から、憲法の条章により、この行使を明言していることである。

この流れでいうと、新天皇の「憲法にのっとり」といった表現は伝統的なものかもしれない。明治天皇も大正天皇も即位後朝見の儀の折の勅語はそれほど長いわけではない。せいぜい200字余であった。ところが昭和天皇の践祚後の朝見の儀の勅語はかなり長い。摂政の時代から新天皇の時代にかけての心づもりなどにも触れている。天皇の代替わりを国民に知らせる必要があったためだろう。少々浮薄な社会の流れに叱咤《しった》するとの意識もはたらいていたかもしれない。

次のように言っている。

「夫れ浮華を斥け、質実を尚ひ、模擬を戒め創造を努め、日進以て会通の運に乗じ、日新以て更張の期を啓き、人心惟れ同じく、民風惟れ和し、遍く一視同仁の化を宣へ、永く四海同胞の誼を敦くせんこと是れ朕か軫念最も切なる所にして、丕顕なる皇祖考の遺訓を明徴にし、丕承なる皇考の遺志を継述する所以のもの、実に此に存す」

こうした一節を読むと、朝見の儀の勅語は大体が宮内省の官僚が、折々の政治、軍事の動向を見ながら、天皇に期待されているのはどういうことかという判断のもとで、作っていることがわかる。昭和天皇の折には、大正から昭和にかけての時代風潮にたるみがあると判断して、このようになったのであろう。

明治、大正、そして昭和と続いた天皇の即位は近代日本の政治の枠内で行われた。天皇の意思などは初めから無視されていたのである。それは取りも直さず、天皇は権力の軸に使われていたけれども、天皇自身の考えはほとんど顧みられることがなかったことを表している。それは天皇を主権者、あるいは大元帥として、政治と軍事が両側からがんじがらめにしていたと言えるのではないだろうか。

それに比べると、平成の天皇、令和の天皇は近代では初めて自立した存在になりえたということになる。そのような形になって天皇は自ら、国民へのメッセージを発したと考えていいだろう。それだけにそこに天皇の時代認識や考えが盛り込まれるようになり、天皇と国民の間に真のコミュニケーションが出来上がり、天皇の存在もまた国民とともにという道が確立していくことになるのである。

しかも生前譲位は天皇と国民の間にもう一つの形を生むことになった。どういうことか。

それは天皇自身が朝見の儀で述べた所信が現実にその在位の期間にどのような推移を辿ったかを見ることができるということである。平成の天皇は現実にそのことを確かめている。

平成の天皇の変革が支持の根拠に

具体的に指摘するならば、平成の天皇は即位後朝見の儀のおことばで、「皆さんとともに日本国憲法を守り、これに従って責務を果たすことを誓い」と約束した。そして昨年12月のお誕生日の折に、平成には戦争がなかったことを述べられた。所信が形を作ったことにひとしおの喜びがあったということになるであろう。

今後は令和の天皇もやがて譲位の時が来たら、自らの在位期間を歴史上ではこのように語り継いでほしいとの意思表示ができるということである。

昭和から平成、平成から令和へと、時代は変わり、天皇のありうべき姿も変わってきている。これは何を意味するのだろうか。あえて3点を指摘しておかなければならない。むろんこれは私自身の考えであり、一般的な理解といえるか否かはわからない。

（1）近代日本の大日本帝国憲法の時代の「天皇観」には批判的な見方が多い。

（2）象徴天皇は国民の大多数の支持を受けていることが明らかになった。
（3）天皇をはじめ皇室が自身の意見を可能な限り明らかにするようになった。

これらの変化は、天皇がかつてのように神格化した存在、加えて軍事上の大元帥のような存在にはならないという意味が含まれている。あるいは皇室にとって次代にも影響を与えるような存在（例えば大元帥として、軍事上の大権を握るような存在にということだが）にはならないとの意味もある。新しい天皇の発言を見ても、その点は明確である。こうした天皇や皇室の動きは、国民世論の支持を受けている。各種の世論調査の結果を見ても、昭和63年までの数字と平成に入ってからの数字が極端に異なっている。

例えば昭和63年の調査では、天皇に対しての感情は「特に何も感じない」が47％、「尊敬の念を持っている」は28％、「好感を持っている」が22％なのだが、平成に入ると「好感を持っている」は43％になり、平成30年には36％、「尊敬の念を持っている」は41％と平成の天皇には強い親和性を感じていることがわかる。平成の天皇は多くの改革を進めたが、それが信頼と支持の根拠になっているのであろう。

私たちは改めて、平成の変革に注目すべきなのである。

天皇と戦争――「深い反省」はどう継承されてきたか

戦後世代の継承という役割

74回目の全国戦没者追悼式が、令和元年8月15日に行われた。令和になって初めての終戦記念日である。天皇陛下は皇后陛下と共に出席され、「おことば」を述べられた。新聞、テレビなどのメディアは、全体に好意的であり、〈「深い反省」を継ぐ戦後世代〉の見出しを掲げる新聞もあった。

確かにこのおことばは二つの特徴を持っていた。次の点である。

（1）おことばは昨年の上皇陛下と骨格は同じである。
（2）戦後世代の継承という役割を意識されている。

この2点をまずは理解すべきだと思う。そしてはじめに結論を書くことになるのだが、「天皇家は8月15日にはこのようなメッセージを発する」と意思表示しているかのように思えるのである。おことばの精神を継承していくと明確に意思表示していると言ってもいいように思う。その覚悟を私たちは読み取るべきではないかと改めて考えさせられる。同時に上皇陛下と天皇陛下の「おことば」が、微妙に異なっている点も検証しておく必要がある。

具体的にどういうところか。二つのおことばを比較すると、三つの文章からなるのは、見事に共通している。

いずれも300字程度の文章だが、はじめの文のテーマは、「深い悲しみ」である。次の文のテーマは、「国民（人々）のたゆみない努力」、そして最後の文は、「戦争を繰り返さないとの覚悟」が軸になっているように受け止めることができる。

短兵急な見方をする向きは、おことばの内容は同じではないかと評するのだが、それはあたっていない。実は同じということは重い意味を持つのであり、それは前述のように天皇家の揺るぎのない意思だと言ってもいいであろう。

私は骨格が同じであるが故に示唆することが多いと思う。

戦争の惨禍が繰り返されぬように

まずはその点を確認した上で、論を進めることにするが、昨年の上皇陛下と今年の天皇陛下のおことばの中から用いられている言葉の違いを確認しておこう。はじめの文は、全く同じである。遺族に対する思いを筆頭に伝えている。次の文では、二つの違いが注目される。上皇の時代には「国民のたゆみない努力」という表現が用いられているのに対し、令和の時代には「人々のたゆみない努力」との表現に変わっている。国民と人々、そこにどのような違いがあるのだろうか。

文の流れから言うならば、令和元年は新しい時代に入っているという言い方ができるのかもしれない。国民とは文字通り日本国民となるのだが、人々とは日本を超えて他国の人たちの力添えをも含んでいると考えられる。あるいはこの国の復興に向けた歩みの中で、戦後に亡くなった人たちの努力や尽力に、感謝の意を持つべきだと言っているのかもしれない。そのように考えさせることが、この語が用いられている意味かもしれない。私は、ここにグローバリズムの観点が現れているようにも思えて意義深いと感じる。

もう一つ、第二の文には違いがある。新天皇は、「多くの苦難に満ちた国民の歩みを思うとき」と述べられている。上皇陛下のときは、「苦難に満ちた往時をしのぶとき」と述べられていて、若干の違いが浮き彫りになっている。これは新天皇が戦争体験を持たない世代であることを考えると、国民が等しく苦難の道を歩んだとの理解であり、上皇陛下の「しのぶ」というのは、思いだしてみるという意味になるのではないかと受け止められる。

ここには、戦争体験が「同時代史」から「歴史」へ移行したという立場が説明されている。それは最後の文にも言えるのだが、天皇はこの部分で、「ここに過去を顧み、深い反省の上に立って、再び戦争の惨禍が繰り返されぬことを切に願い」と述べられている。昨年の上皇陛下のおことばでは「ここに過去を顧み、深い反省とともに今後、戦争の惨禍が再び繰り返されぬことを切に願い」とあった。

この部分の検証はきわめて重要である。私見を言うが、「深い反省の上に立って」と言うのは、すでに「反省」は既知、承認されたことでもあり、私はそれを認めた上で二度と戦争の惨禍が繰り返されぬように願うとの意味になると理解できる。やはり歴史的な視点であり、継承との重みが酌み取れるのである。上皇陛下のおことばの「深い反省とともに」は、継承の前段階であり、同時代の中で国民の皆さんと共に反省の道を歩みながら、という理解になる。

私は、この違いが今回のおことばの最大の鍵になると理解している。実は天皇家にとって、重要なキーワードは「反省」という語である。昭和天皇が、日本がサンフランシスコ講和会議で国際社会に復帰する折に、おことばを発表するにあたってさまざまに呻吟されたことはよく知られている。これらの事実は、当時宮内庁長官だった田島道治の日記などでも知られていた。

昭和天皇は「反省」を入れようとした

加藤恭子著の『昭和天皇と田島道治と吉田茂』には、昭和27(1952)年4月28日の独立回復、5月3日の日本国憲法施行5周年を記念して行う天皇の演説草稿の下案づくりの内容が、田島の文書と共に紹介されている。実際に式典で読み上げられた文書までにどれほどの葛藤があったのかが草案と共に語られているのだが、その第1案には次の一節があった。引用しよう。

「今この悲痛なる敗戦に終わり、生命身体財産に及ばせる戦争の惨禍は甚大を極め、思想の混乱、経済の動揺等による一般の不安疾苦又名状すべからず、一念之におよぶときまことに憂心灼の思いがある。非徳未然に之を止どめ得ず、深く之を祖宗と萬世に愧じる」

この文章が推敲されて完成文になっていったのだ。ここに見られるように天皇は当初から反省するとの意思を持っていたのだ。例えば「愧ず」という語は、「烈しい後悔をあらわす、田島としてはどうしても使いたい表現なのだ」（加藤著）という。しかし当時の吉田首相はこれに批判的であり、こういう表現にはきわめて注意を払っていた。日本が国際社会に復帰する時に、天皇の退位につながる動きは避けたかったのである。

田島は、吉田が天皇の意思を無視することに苛立ったのだろう。そして日記とは別に天皇の意思を正確に書き残しておきたいと考えたのだろう。日記の中から必要な部分を抜いて、別に「拝謁記」と題する別稿を作ったようである。それが今回、NHKが盛んに報じている内容であろう（NHKスペシャル「昭和天皇は何を語ったのか〜初公開・秘録『拝謁記』」8月17日放送）。

すでに先行取材によって基本的な枠組みは知られていた。しかし今回の報道は当初その先行研究について十分に説明のないままに報道されたために、さまざまな臆測を呼んだ。そのことについては、今後の検証が必要になることは間違いない。加藤著によると前述の第1回のおことば案づくりの時に、昭和27年1月11日に拝謁した折、田島のメモには、「反省必要」「舞鶴の捧げ銃」「青年の意見」などの添え書きが記されていた。田島は天皇の苦衷《くちゅう》を知り、その意見に同調していたと言っていいであろう。

「拝謁記」によるなら、天皇は1月11日に「声明メッセージには反省するという文句ハ入れた方が良いと思ふ」とその気持ちを明確に伝えている。さらに2月20日には「反省といふのは私ニも沢山あるといへばある」と断言している。反省という語を使うことに何の抵抗も感じ取っていないのは、確かに特筆すべきで、むしろ吉田茂のほうがあちこちに気を配りすぎていて、天皇の呻吟の邪魔をしていたことになる。

天皇のこの心理は改めて精査してみることが必要になるはずである。

しかしこの稿では、今回初めて明らかになった「反省」という語こそが重要なのである。なぜなら上皇陛下が8月15日の戦没者追悼式で、おことばの中に「深い反省」という語を盛り込まれたのは、平成27年であった。今回改めて考えると、上皇陛下は昭和天皇が用いたくても用いることができなかった「反省」という語をこの年から正式に、おことばの中に盛りこんだのである。

以来上皇陛下は、この語を使い続けてきたということになる。そこには昭和天皇の歴史的な意思が継承されてきたというべき側面があった。昭和天皇は、かつての軍事組織（つまり旧軍ということになるのだが）については、いかなる形でも復活するような事態になってはいけないと考えていたことは、今回の資料でもより鮮明に明らかになっている。昭和天皇は旧軍への不満は公式には明らかにしていない。昭和21年2月に側近の者5人を相手に問われるままに、当時の心境を語った（それがのちに『昭和天皇独白録』として公刊）。それ以後の資料では旧軍への不満などはなかった。それが今回、明らかになったのは特筆すべきことである。

天皇家が意思を揃えて発表した

とくに昭和26年12月14日に田島に語ったとされる次の言は重要である。

「東條内閣の時ハ既ニ病が進んで最早どうすることも出来ぬといふ事になってた」

この発言はきわめて重い。昭和天皇にすれば東條内閣の姿勢の中にもう引き戻しのできない状態がつくられていたということになるのだろう。いずれにしてもこれらの発言は、戦争が終わってまだ6年ほどの間だから、天皇は反省の意味をご自身で深く掘り下げていたのであろう。それにしても天皇は、つまりは昭和26、27年ごろの反省の気持ちを露わにすることなしに人生に終止符を打ったということがわかる。その気持ちが平成の天皇に密かに継承されていたと言えるのではないだろうか。

平成の天皇は平成27年からは、戦争の反省を述べそれを繰り返してきた。今回、天皇はその反省はすでに既定の事実であると了解した上で、その上に立って話されたわけである。令和という時代は昭和天皇の遺志を正確に継いでいるといえるように思う。

こうしたことを改めて整理すると、今回の戦没者追悼式のおことばは天皇家がその意思を揃えて発表したとの重さが感じられてくる。そして指摘しておかなければならないのは、戦没者追悼式での挨拶で、政治家が「深い反省」とか「哀悼の意」といった語を用いるようになったのは平成5(1993)年の細川護熙首相のときからである。それからは政治の側が「深い反省」という語を用いてきた。これを一つの流れに捉えて表を作ってみると細川首相から野田政権までは、この語はすべての内閣で用いられてきた。

戦争終結50年、あるいは70年の節目の時にもこの語は用いられた。政治の側が国際社会に日本のかつての戦争政策について相応に意思表示する機会であった。この間、平成の天皇のおことばには、この言葉は用いられていない。

政治の側が用いることで天皇はあえて用いなかったのかもしれない。ところが平成24年に誕生した第2次安倍内閣は「深い反省」といった言葉を用いなくなった。それが2年ほど続いた。第1次安倍内閣は用いたのに用いなくなったのは、あるいは同時代史からの脱却を意識して歴史上に移行すればこういう言い方は必要ではないと考えたのかもしれない。

それを補うように、平成の天皇は平成27年から、「深い反省」を用いることになったのである。8月15日のおことばは天皇と現代政治の微妙な関係を浮き彫りにしている。そのことも今知っておくべきことではないかと、私は考えている。

おわりに

天皇という制度は変わることなくここまできたわけではないと知った時、初めて、「天皇」という存在を見ずして近代日本の実像はつかめないということが理解できる。序章でも詳論したが、天皇は明治、大正、昭和、平成と続く時代だけを見ても、いずれの天皇も時代を象徴する役割のもとで語られ得る。

明治天皇は、鎖国から一気にこの国を開き、豪放磊落、太っ腹、軍事に精通といった語がかぶせられる。だが睦仁天皇は同時に、慎重で、よく気がつき、日清戦争時には「これは朕の戦争ではない」と言い、日露戦争時には開戦を告げられると涙を流したとも言われている。この乖離を検証することで、それぞれの天皇にはどのような役割が与えられたのか、またそれぞれの天皇はどのような役割を果たしたのか、それがわかってくる。本書にはそのような視点もふくまれている。共感、共鳴、また実りある議論の起点にしていただければ幸いである。

本書は『サンデー毎日』２０１９年3月10日号から6月23日号に連載された「新・天皇論」に加筆したうえで再構成し、序章として『群像』２０１９年9月号への寄稿「新しい時代の『答案』は誰が書くのか」をタイトル変更して収録した。『サンデー毎日』編集長の隈元浩彦氏と、編集部員の向井徹氏、新時代に相応しい清新なデザインをほどこしてくれた鈴木成一氏に感謝します。

令和元年8月26日

保阪正康

新《しん》・天《てん》皇《のう》論《ろん》

二〇一九年九月五日　印刷
二〇一九年九月二〇日　発行

著者　保《ほ》阪《さか》正《まさ》康《やす》
発行人　黒川昭良
発行所　毎日新聞出版
〒一〇二-〇〇七四　東京都千代田区九段南一-六-一七　千代田会館五階
電話　営業本部〇三-六二六五-六九四一
サンデー毎日編集部〇三-六二六五-六七四一

印刷　精文堂
製本　大口製本

ISBN978-4-620-32603-0